외국인 유학생을 위한
논문 쉽게 쓰기

외국인 유학생을 위한 Essential 시리즈

외국인 유학생을 위한

논문 쉽게 쓰기

Easy Academic Writing
for Foreign Students

남길임 이미향 안미애 오선영

한국문화사

머리말

　모국어가 아닌 언어로 학문을 한다는 것은 대단히 어려운 일이다. '연구'라는 새로운 활동을 새로운 언어로써 접근해야 하기 때문이다. 대학원 수업에서 외국인 학생들을 가르칠 때 이러한 '내용'과 '형식'의 문제는 늘 조화를 고민해야 하는 부분이다. 형식인 언어에만 초점을 맞추다 보면, 자료를 모으고 분석하고 논증하는 '연구'가 부족한, 영혼 없는 논문을 써 오는 경우가 있다. 반대로 연구 주제와 아이디어가 아무리 훌륭해도 한국 학술공동체의 관습적인 의사소통 방식을 몰라서, 논문 심사에서 좋은 점수를 받지 못하는 경우도 있다. 〈외국인 유학생을 위한 논문 쉽게 쓰기〉는 이러한 '연구'로 가는 길과 '한국어'로 학문하기의 균형을 고려하여 기획되었다.

　〈외국인 유학생을 위한 논문 쉽게 쓰기〉는 학술적 글쓰기를 가르치는 교수자, 논문 쓰기를 목표로 하는 학생들을 위해, 다음 두 가지에 초점을 맞추고자 하였다. 첫째, 단순히 학술 언어를 소개하기보다는, 실제 '연구'란 무엇인지, '연구'의 과정은 어떠한 것인지, '연구'에 대한 안내서가 될 수 있도록 하였다. 12개의 장은 논문의 계획과 작성의 순서를 고려하여 구성되었다. 독자들은 '창의적인 주제는 어떻게 찾을 수 있을까, 질적 연구와 양적 연구 등 다양한 연구 방법론을 어떻게 적용할 것인가' 등의 학습 목표를 통해 연구의 세계를 조금이나마 맛보게 될 것이다. 둘째, 각 장의 구성은 '들어가기, 알아보기, 배우기, 해 보기'로 구성되는데, 각 장에서 제시되는 학술 용어와 학술 핵심어는 실제 한국어 학술 논문 말뭉치의 용례를 활용하여 되도록 풍부하게 제시하고자 하였다. 독자들은 이 책을 통해 한국어 학술 논문에 전형적으로 나타나는 어휘뿐만 아니라 특정 패턴, 담화 맥락을 생생한 용례와 함께 접할 수 있을 것이다.

 이 책은 경북대학교 국어국문학과 BK21 글로벌 시대의 지역문화어문학 교육연구단의 기획과 지원으로 집필되었다. 특히 사업단의 교육 목표인 "전문성과 국제성을 지향하는 연구"에서 외국인 유학생의 연구 경쟁력의 확보는 이 책을 집필하는 데 주요 동기가 되었다. 지난 수십 년간 한국의 사회 경제적 위상과 한류의 영향 등으로 한국어와 한국문학, 한국문화를 배우고자 하는 외국인 유학생들이 지속적으로 증가하는 추세이다. 한국학 국제화와 국제 경쟁력의 확보를 위해서는 한국인 학자뿐만 아니라 외국인 유학생의 연구 경쟁력도 매우 중요한 시대가 온 것이다. 이 책의 기획 의도를 알고 지원해 주신 BK 사업단에 감사의 마음을 전한다. 또 어려운 출판 환경에도 불구하고 책의 출판을 선뜻 맡아 주신 한국문화사 김진수 사장님, 조정흠 부장님, 편집을 맡아 주신 유동근 님께도 이 자리를 빌려 감사의 인사를 드린다.

저자들의 뜻을 모아
남길임, 이미향 씀.

이 책을 쓴 까닭

외국어로 논문을 완성하려면 큰 용기가 필요하다. 논문도 어렵고, 외국어로 글을 쓰는 것도 어렵다. 그런데 '유학생의 글쓰기'에서 어려운 점이 무엇인지 안다는 것은 참 다행스러운 일이다. 문제의 원인을 알면 그 안에 해결 방법도 있기 때문이다.

유학생이 한국어로 논문을 시작할 때 어떤 점에 대해 고민할까? 글쓰기란 생각이나 사실 등을 글로 써서 표현하는 일이다. 그 말대로 글을 쓰기 위해서는 최소한 두 가지가 필요하다. 하나는 쓸 내용에 대한 생각을 순서대로 풀어가는 것이다. 다른 하나는 그 생각을 글로 옮기는 것이다. 여기서 외국인의 글쓰기에 꼭 필요한 것이 하나 더 있다. 그것은 '모국어로 떠오르는 생각을 외국어로 잘 옮기는 쓰기 기술'이다.

이 책을 쓴 사람들은 유학생들이 해결하고 싶은 그 문제에 대해 잘 알고 있다. 그리고 유학생들에게 알려 줄, 쓰기에 관한 '좋은 정보'도 많이 가지고 있다. 우리가 기획한 이 책의 핵심은 다음 세 가지이다.

Point | 1 책의 구성: 논문 쓰기의 단계별 구성

첫째, 우리는 생각의 순서에 따라 한 단계씩 해결하는 방법을 말했다. 글을 쓰는 사람은 쓸 내용의 주제도 찾고, 목차도 만들어 봐야 한다. 글의 서론부터 결론까지 자기가 차례로 경험해 봐야 한다. 이 책을 처음부터 끝까지 함께 보면서, 글이 완성되는 세상을 경험하기 바란다.

> 논문의 개념과 특성 ➡ 논문의 구성과 목차 ➡ 논문의 주제 ➡ 연구 내용과 방법 ➡ 서론 설계 ➡ 서론 쓰기 ➡ 본론 설계 ➡ 본론 쓰기 ➡ 결론 쓰기 ➡ 초록과 참고 문헌 ➡ 제안과 발표

Point | 2 장의 구성

둘째, 우리는 생각을 글로 옮기는 방법을 이야기했다. 문장과 문장이 이어져서 문단이 되고, 작은 문단 몇 개가 이어지면 글이 된다. 이 책을 통해 생각하고 있는 것을 문장으로 만들고, 그것을 다시 글로 만들어가는 과정을 하나씩 배워 가기 바란다.

> 들어가기 ➔ 알아보기 ➔ 배우기 ➔ 해 보기

Point | 3 논문에서 주로 사용되는 문어체 표현 제시

셋째, 우리는 유학생의 생각을 논문에 맞는 한국어 표현으로 바꿀 수 있도록 최선을 다해 설명했다. 한국어 학습자는 보통 입말을 먼저 배우지만, 입말은 글말과 다르다. 이 책에 소개된 '말할 때와 다른 표현'을 만나면서, 유학생의 글 수준이 지금보다 더 높아질 것이라 생각한다.

> 4) 그림 제시와 분석에 주로 사용되는 표현
> - 위의 〈그림1〉(그래프/순서도)에서 보는 바와 같이/알 수 있듯이
> - 위의 〈그림1〉은 -(이)라고 볼 수 있다/할 수 있다.
> - 〈그림1〉에서 - 이/가 -(으)로 제시되어 있다.
> - -을/를 도식화하면 아래 〈그림1〉(그래프/순서도)과 같다.

Point | 4 '해 보기'를 통한 독자 참여식 구성

우리는 이 책의 처음부터 끝까지를 유학생이 참여하는 책으로 준비했다. '들어가기'에서 생각할 거리가 나오면 어떤 답이든 자신 있게 해 보자. 글을 쓰는 과정에 정답은 없다. '알아보기'에서 선생님이 새로운 쓰기법을 제시하면 '배우기'에서는 자기 것으로 익혀 보자. 그리고 '해 보기'에서 자기 글을 써 보라.

4. 해 보기

🔍 **예문을 분석하는 글 쓰기**

다음은 예문을 제시하고 분석한 부분의 예이다. 글의 내용을 완성해 보자.

> 우선, 품사의 측면에서 코로나-19 신어는 302개 전체가 명사 또는 명사구로만 판별되었다. 신어 수집 과정에서 형태소 분석 과정을 통해 용언 및 타 품사도 후보 목록의 검토 대상에 포함되었으나, 최종적으로는 명사(55개) 또는 명사구(247개)만 수집되었다. 각각 명사와 명사구에 해당하는 대표적인 _____.

글을 쓰는 사람을 필자라고 한다. 글을 쓸 여러분은 앞으로 '필자'이다. 유학생인 여러분은 지금까지 한국어로 된 많은 글을 읽으며 이해해 왔을 것이다. 이제는 여러분이 쓰는 글을 누군가가 읽고 그 뜻을 이해하려 할 때이다. 자신의 생각을 잘 전달할 마음이 있는가? 그렇다면 그 방법을 이 책과 함께 경험하자. 한국어로 논문을 쓰려는 용기 있는 유학생을 응원한다.

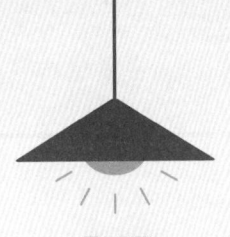

차례

머리말 • 4
이 책을 쓴 까닭 • 6

1장   논문의 개념과 특성 ·· 10
2장   논문의 구성과 목차 ·· 25
3장   논문의 주제 ·· 39
4장   연구 내용과 방법 ·· 57
5장   글의 얼굴, 서론 설계하기 ······································ 73
6장   내 연구의 가치를 말하는 서론 쓰기 ······················ 86
7장   글의 정체성, 본론 설계하기 ·································· 98
8장   연구 방법을 반영한 본론 쓰기 ···························· 108
9장   주장이 드러나는 본론 쓰기 ·································· 125
10장 연구의 마무리, 결론 쓰기 ···································· 147
11장 초록과 참고 문헌 ·· 165
12장 제안과 발표 ·· 178

주석 • 194
부록 • 197
  - 1. 연구 계획서 양식
  - 2. 연구 계획서 예시

1장
논문의 개념과 특성

Point
1. 학술적 글쓰기의 특성과 글쓰기의 목표를 안다.
2. 학술적 글쓰기의 대표 장르인 학위 논문, 학술지 논문, 학술 보고서의 공통점과 차이점을 이해한다.
3. 학술적 글쓰기의 대표 장르로서 학술 논문의 개념과 구조를 이해하고, 좋은 학술 논문의 요건을 안다.

1. 들어가기

학술적 글쓰기란 무엇이고, 우리는 왜 학술적 글쓰기를 배워야 할까? 학술적 글쓰기는 연구와 학술 활동의 환경에서 사용되는 글쓰기를 말하며, 대학 및 대학원 생활의 성패에 큰 영향을 미친다. 학술적 글쓰기의 특성은 소설, 신문 등 비학술적 글쓰기와의 비교를 통해 더욱 분명히 드러난다. 다음 예시를 비교해 보면서 학술적 글쓰기의 특성을 생각해 보자.

 소설

소년은 저도 모르게 벌떡 일어섰다. 단발머리를 나풀거리며 소녀가 막 달린다. 갈밭 사잇길로 들어섰다. 뒤에는 청량한 가을 햇살 아래 빛나는 갈꽃뿐. 이제 저쯤 갈밭머리로 소녀가 나타나리라. 꽤 오랜 시간이 지났다고 생각됐다. 그런데도 소녀는 나타나지 않는다. 발돋움을 했다. 그리고도 상당한 시간이 지났다고 생각됐다. 저 쪽 갈밭머리에 갈꽃이 한 옴큼 움직였다. 소녀가 갈꽃을 안고 있었다. 그리고, 이제는 천천한 걸음이었다. 유난히 맑은 가을 햇살이 소녀의 갈꽃머리에서 반짝거렸다. 소

✏️ 학술 논문과 소설, 기사문을 비교하여 읽고 학술 논문의 특성을 찾아 보자.

✏️ 학술 논문은 누가 쓰고, 어떤 독자를 대상으로 하며, 왜 쓰는지 생각해 보자.

녀 아닌 갈꽃이 들길을 걸어가는 것만 같았다. 소년은 이 갈꽃이 아주 뵈지 않게 되기까지 그대로 서 있었다. (황순원, 〈소나기〉)

> **기사문**

정부가 수도권 사회적 거리두기 4단계 조치를 연장하면서 결혼식을 준비하던 예비부부들의 불만이 커지고 있다. 지난 12일 청와대 국민청원게시판에는 "'결송합니다'라는 단어를 아시나요?"라는 제목의 청원이 올라왔다. 청원인은 자신이 오는 9월 결혼을 하는 예비 신랑이라고 했다. 그는 "'결송합니다'는 '결혼해서 죄송합니다'라는 단어다. 1년 이상을 준비해 온 결혼식이지만, 코로나19 시국의 결혼은 축복받지 못하는 것을 넘어서 예비부부의 욕심으로 치부되어 이 같은 단어까지 생겼다. 이런 단어가 생겼다는 사실이 예식을 앞둔 사람으로서 슬프다"라고 했다. ('결송합니다' 신조어까지… 예비부부들 "49명 제한 풀어 달라" 호소, 조선일보 2021. 8. 14일 기사)

> **학술 논문**

본 연구는 해마다 생겨나는 신어가 얼마나 사라지고 유지되는지를 분석함으로써 분석하고, 신어의 사전 등재 기준을 마련하는 데 연구의 목적이 있다. 한국어의 경우, 정부 주도의 신어 조사 사업이 1992년 이후 지속적으로 수행되어 왔으며, 일정한 기준을 중심으로 매년 400여 개에서 500여 개 가량의 신어를 추출하고, 신어 조사 자료집을 발간해 왔다. 본 연구는 2005년, 2006년도에 신어 조사 자료집에 수록된 전체 신어 각각 408개, 530개, 총 938개를 중심으로 이들 신어가 지난 10년 간 한국어 대중 매체에서 어떤 사용 추이를 보였는지를 분석한다. 또 매체에 따른 신어의 출현 빈도와 사용 양상을 기준으로 하여 신어의 사전 등재 기준을 제시한다. (남길임 2015: 205)

질문 1

학술 논문을 작성하는 필자는 누구이고 독자는 누구인지 생각해 보자. 독자의 특성을 고려하고, 좋은 평가를 받기 위해서 학술 논문 쓰기에서 고려해야 할 점은 무엇인지 생각해 보자.

> 필자 – 대학생, 대학원생, 교수, 기타 연구자
> 독자 – 교수, 동료(친구), 학술지 심사자, 편집자
> 평가의 결과와 방법 – 점수, 진급, 졸업, 절대평가와 상대평가

질문 2

우리는 주로 대학 또는 대학원 생활에서 학술적 글쓰기를 경험하며, 대체로 그 글은 학술 보고서와 학위 논문, 학술지 논문 등으로 구분된다. '학술 장르(academic genre)'에 포함되는 이러한 글을 쓰는 목적을 생각해 보고, 이 목적을 달성하기 위해 필요한 요건이 무엇인지 이야기해 보자.

> – 좋은 점수를 얻기 위해서
> – 졸업을 하기 위해서
> – 좋은 직장을 구하기 위해서
> – 연구비나 장학금 등을 따기 위해서

> **핵심 정리**
>
> 학술적 글쓰기는 "전공 영역의 학술적 내용이나 주장을 독자에게 설명하거나 설득하는 글쓰기"이고 특히 독자의 평가를 전제로 한다. 전문가 집단인 심사자나 같은 집단의 동료 평가를 전제로 한다는 점은 학술적 글쓰기의 가장 중요한 부분이라 할 것이다. 이러한 특성을 고려할 때 학술적인 글쓰기는 다음의 요건을 충족하는 글쓰기여야 한다.
>
> ✓ 해당 전공 영역에서 사용되는 언어(어휘, 문법)를 사용한다.
> ✓ 동료나 평가자들에게 인정받을 수 있도록 친숙한 담화 구조를 구성한다.
> ✓ 각자의 전공 학술 영역 즉, 학술 공동체(academic community)에서 사용되는, 친숙한 어휘, 문법, 담화 구조를 사용함으로써, 독자(편집자, 심사자, 교수 등)가 해당 분야의 전문가로 인정하고, 그 주장을 수용할 수 있도록 한다.

2. 알아보기

1) 학술적 글쓰기의 특성

대학에서 자주 접하는 학술적 글쓰기의 유형은 대표적으로 학술 보고서(리포트), 학위 논문, 학술지 논문이 있다. 이들 장르는 모두 전공 학술공동체에서 사용되는 어휘, 문법, 담화구조를 사용함으로써, 동료나 교수 등 평가자에게 자신의 연구 결과나 주장을 알리고 설득하기 위한 글쓰기라는 공통점이 있다.

사례1

2021 도쿄 올림픽 기사에서의 '할 수 있다'

〈사진출처:네이버이미지, 캘리그라퍼:예쁜캘리〉

✏️ 그림과 텍스트에서 '할 수 있다'의 의미가 어떻게 다른지 살펴보자.

사례2

학술 논문에서의 '할 수 있다'

'수업평가'의 결과가 곧 교사의 수업 행위의 효율성을 설명한다고 할 수 있다
이두 자료가 이루어진 시기에는 한자어가 매우 일반화되었다는 사실을 간접적으로 증명한다고 할 수 있다
이효석 소설 연구는 향토성과 이국성에 대한 물음에서부터 본격적으로 출발한다고 할 수 있다
춘백의 헤어짐과 만남은 주어진 운명에 순응하는 삶을 보여주는 것이며 달리 말해 '운명론적 가치관'을 할 수 있다 대변한다고
素亭歌辭는 바로 이 셋째 유명의 범주에 속한다고 할 수 있다
아들의 구체적이고 적극적인 활동이 모든 가족의 통합된 만남을 가능하게 한다는 점에서 아들의 '현실중심의 할 수 있다 가치관'이 보다 설득력을 얻어가는 시대상을 반영한다고
따라서 그 언어 사용자는 언어 표현과 상황을 관련시키는 규칙들을 이미 알고 그것들을 상황에 맞게 할 수 있다 적절히 사용한다고

학술적 글쓰기는 해당 학술공동체가 공통으로 사용하는 전문용어를 사용할 뿐만 아니라 글의 구조, 문체적 특성 등도 다른 글쓰기와는 구분된다. 학술적 글쓰기 역시 글로 이루어지는 의사소통 과정이며, 필자와 독자의 상호작용을 전제로 하므로, 독자의 기대 수준에 부합하는 글쓰기 전략이 필요하다. 학술적 글쓰기가 평가자로부터 '좋은 평가'를 받고, 좋은 연구로 인정받기 위해서는, 독자인 평가자들에게 친숙한 어휘, 문법, 담화의 구조를 고려할 필요가 있다.

🅐 질문 1

위 사례 1과 사례 2에서 나타난 '할 수 있다'의 의미를 기술하고, 학술 논문의 주요 목적과 관련하여 사례 2의 '할 수 있다'의 의미와 기능을 논의해 보자. 그리고 이 기능이 학술 논문의 어떤 특성과 관련되는 것인지 생각해 보자.

2) 학술적 글쓰기의 유형

학술 보고서, 학위 논문, 학술지 논문 등은 학술적 글쓰기의 독자가 누구인지, 최종적인 목표가 무엇인지에 따라 각기 다른 특성을 가지며, 요구되는 분량과 형식이 각기 다르다. 아래 표는 대학 내의 학술공동체에서 생산되고 평가되는 보고서와 학위 논문, 학술지 논문의 특성을 비교한 것이다.

	보고서	학위 논문	학술지 논문
필자	학생	학생	학생 또는 연구자
독자·평가자	교수 또는 동료	지도교수	심사자 (교수 또는 동료)
목적	성적	학위 취득	학술지 게재
유형	리포트, 실험보고서, 현장학습보고서	석사 학위 논문 박사 학위 논문	학술지 등급별 유형 (KCI 등재지, SCI, A&HCI)
분량	보고서 유형에 따라 다름	석사: 50–70쪽 박사: 100쪽 이상	20–25쪽

〈표1〉 보고서, 학위 논문, 학술지 논문의 특성

또 위 〈표1〉에 포함되지 않았지만, 일반적으로 학위 논문이나 학술지 논문의 경우, 각 대학이나 학술 단체에서 제공하는 논문의 형식과 체제가 있으며, 완성 논문의 규격이나 인쇄 형식을 준수해야 할 필요가 있다. 따라서 학위 논문을 작성하기 이전에 반드시 해당 소속 대학원의 '학위 논문 규정'을 확인해야 하며, 학술지 논문의 경우 학회 홈페이지에 게시된 '논문 투고 규정' 또는 '학술지 투고 논문 형식' 등을 확인해야 한다.

물론 이러한 형식적인 요건보다 더 중요한 것은 논문의 내용적 측면이다. 이러한 내용적 측면의 핵심은 "나의 논문은 어떤 점을 새로이 발견했거나 또는 밝히고자 하는가? 지금까지 다른 연구자의 논문과 어떤 차별성이 있는가?" 등과 관련이 있다. 논문의 평가자는 논문의 형식적 측면과 내용적 측면을 모두 평가하지만, 우수한 논문에는 내용적인 차원에서의 창의성, 다른 논문과의 차이점이 분명히 드러나 있어야 한다.

질문 2

여러분이 관심을 가지는 위 세 가지 장르는 대학 또는 대학원을 졸업하기 위해 필수적으로 필요한 유형들이다. 특히 '학위 논문'과 '학술지 논문'은 학술적 글쓰기의 전형적인 장르이며, 특히 엄정한 심사 과정을 전제로 한다는 공통점이 있다. 학술적인 글쓰기가 좋은 평가를 받기 위한 요건에 대해 생각해 보자.

> **핵심 정리**

좋은 평가를 받기 위해서는 글쓰기의 형식적 측면과 내용적 측면 모두를 고려할 필요가 있다. 다음 표는 한국연구재단 KCI 등재지에서 심사 기준이 되는 공통적인 항목으로, 학술 논문의 심사 기준의 주요 요소를 나열한 것이다. 이를 통해 우리는 학술적 글쓰기에서 요구되는 주요 요건들을 확인할 수 있다.

항목	항목
1. 학술지 논문으로서의 적합성	6. 논문 주제의 창의성
2. 연구 방법의 적절성	7. 연구 결과 학문적 기여도
3. 내용의 완결성	8. 논문 초록의 적합성
4. 논문 작성의 성실성	9. 학회지에 게재할 논문으로서의 적합성
5. 참고 문헌 인용의 정확성	10. 다른 학술지 또는 논문집에 게재된 사실 여부

〈표1〉 한국연구재단 KCI 등재지 심사 기준

위 10개 항목 중 6번, 7번, 8번, 10번 항목은 학술 논문과 학위 논문이 필수적으로 가져야 하는 '창의성'과 관련되며, 논문에서의 창의성은 구체적으로 해당 논문이 다른 논문과 차별되는 관점과 새로운 주제나 방법론, 결과 등을 말한다.

주제적 창의성
✔ 연구의 주제가 지금까지 충분히 다루지 않은 새로운 대상이나 쟁점을 포함하고 있는가?

연구의 관점 및 방법론적 창의성
✔ 새로운 시각으로 연구 대상을 바라보고 있는가? 기존 논의에서 시도되지 않은 새로운 방법론을 제안하고 있는가?

결과의 창의성
✔ 연구 결과가 기존의 논의와 변별성이 있는가?

그 밖의 항목들은 논문이 갖추어야 할 형식적, 내용적 측면에서의 완결성과 관련된다. 이 책 전반에서는 〈표1〉의 심사 기준 중 학술 논문의 형식적인 완결성, 적절성의 문제를 집중적으로 다룬다. 아래에서는 한국어의 어휘, 문법, 한국어 학술 논문의 담화 구조를 고려한 글쓰기를 안내할 것이다.

3. 배우기

1) 학술 논문의 구조와 주요 기능

글과 말로 소통되는 모든 의사소통은 궁극적으로 나의 의도를 독자 또는 청자의 눈높이에 맞게 성공적으로 전달하는 것이다. 처음 만난 사람에게 좋은 인상을 주고 잘 소통하기 위해 우리가 첫인사를 나누고 용건을 이야기하는 것처럼, 학술적인 글쓰기 역시 처음의 인사에 해당하는 서론과 용건에 해당하는 본론이 있다. 그리고 마무리 인사와 마찬가지인 결론이 있다. 그리고 모든 인간의 의사소통이 그러하듯, 학술 논문에서도 서론과 본론, 결론에서 관습적으로 기대되는 주요 내용과 그에 따른 표현들이 있다.

첫인사	용건에 대한 논의	끝인사
서론	**본론**	**결론**
연구의 목적	연구 방법	연구 요약
필요성	연구 대상	의의와 한계
연구의 의의	연구 내용	

학술적 글쓰기의 구성은 대체로 서론-본론-결론의 세 부분으로 구분되지만, 서론과 결론을 제외한 본론은 더 구체적이고 세부적인 내용이 드러나는 하위 장으로 구성된다.

아래 논문의 사례는 특별히 학술 논문에서 자주 사용되는 어휘와 문법적 패턴에 각각 굵은 글씨와 밑줄로 표시해 놓은 것이다. 아래에 제시된, [논문1], [논문2], [논문3] 각각을 통해 두 가지를 알 수 있다. 첫째, 학술 논문에서 반복적으로 사용하는 어휘와 문법적 패턴이 있고, 둘째, 이러한 어휘와 문법적 패턴들은 글의 구조와 깊은 관계를 가진다는 것이다. 특히 이러한 표현은 전공 분야, 즉 학술공동체에 따라 달리 나타나므로, 자신이 속한 전공에서 많이 쓰이는, 특별한 표현을 알아 두면 편리하다. 우리가 쓰는 논문이 좋은 평가를 받기 위해서는, 이와 같이 반복적으로 나타나는 학술적인 어휘와 표현들에 익숙해질 필요가 있다.

> **논문1**
>
> **본 연구는** 해마다 생겨나는 신어가 얼마나 사라지고 유지되는지를 분석함으로써, 신어의 사전 등재 기준을 마련하는 데 <u>연구의 목적이 있다</u>. 한국어의 경우 정부 주도의 신어 조사 사업이 1992년 이후 지속적으로 수행되어 왔으며, 일정한 기준을 중심으로 매년 400여 개에서 500여 개 가량의 신어를 추출하여 신어 조사 자료집을 발간해 왔다. **본 연구는** 2005년, 2006년도에 신어 조사 자료집에 수록된 전체 신어 각각 408개, 530개, 총

✎ 각 학술 논문에서 굵은 글씨체와 밑줄 친 표현을 중심으로 학술 논문의 전형적인 어휘와 표현을 찾아 보자.

938개를 중심으로 이들 신어가 지난 10년 간 한국어 대중 매체에서 어떤 사용 추이를 보였는지를 분석하고 빈도 다양성의 관점에서 사전 등재의 기준을 제시한다. 또한 연구의 분석 결과의 신뢰성과 정확성을 위하여, ㄱ) 분석 대상 매체의 포괄성, ㄴ) 시스템을 통한 빈도 분석 결과의 정확성, ㄷ) 사용 추이 분석을 위한 충분한 기간 범위의 설정을 고려함으로써 신어의 사용 추이의 분석 결과를 논의한다. (남길임 2015: 206)

논문2

본 연구는 2015년 신어 조사 사업에서 새로이 도입된 신어 사용 추이 조사의 방법론을 2005년, 2006년 신어를 사례로 논의하고, 빈도 다양성의 측면을 고려하여 사전 등재 기준을 마련하고자 하였다. 빈도 분석 대상 매체의 포괄성과 분석의 정확성, 연도별 분포 등을 고려하여 웹 말뭉치를 구축하였으며, 이를 통해 지난 10년간의 사용 추이를 분석하였다. 1장에서 논의된 문제 제기를 중심으로 본 연구에서 논의된 내용을 요약하면 다음과 같다.

첫째, 본 연구의 결과에 따르면 해마다 수집되는 300~500개 내외의 신어 중 27% 정도가 지속적으로 안정된 사용을 보이고 있다고 평가할 수 있다. 둘째, 이러한 신어의 생존과 사멸의 기준은 여러 가지 측면을 고려하여 측정될 수 있는데, 본 연구에서는 세 가지의 기준, 즉 총빈도, 기사 건수, 연도별 분포를 통해 이에 대한 기준을 마련하였다. (남길임 2015: 230)

논문3

본 연구에서는 이러한 기존 시스템의 문제와 선행 연구의 한계를 보완하기 위하여 해당 연도의 신어를 검색하여 구축한 웹크롤링 말뭉치를 구축, 활용하기로 한다. 웹크롤링 말뭉치의 대상 매체는 '네이버 뉴스 [언론사 뉴스]'에서 서비스 되고 있는 160개 내외의 언론 매체이며, 분석 기간은 2005년 이후부터 현재까

> 지이다. 말뭉치의 구축 및 수집은 별도의 프로그램을 통해 이루어졌는데, 웹 크롤링 프로그램은 연구자가 입력한 검색 시기와 신어 검색어를 포함하는 기사를 찾아 해당 기사 전문을 크롤링하여 개별 파일을 생성하는 과정을 거치도록 설계되었다. 일반 포털상의 검색과 달리, 웹 크롤링 말뭉치는 별도의 파일로 저장된 자료를 정제하고 분석하는 것이 용이하므로, 연도별 사용빈도, 기사 건수 등의 다양한 분석이 가능하다. 또한 선행 연구와 비교할 경우 양적인 측면에서 풍부할 뿐만 아니라 매체 범주나 유형도 많아 비교적 풍부한 빈도를 토대로 신어의 사용 추이를 고찰할 수 있다는 장점이 있다. (남길임 2015: 214)

질문 1

[논문1], [논문2], [논문3] 각각이 논문의 초록, 서론, 본론, 결론 중 어디에 해당되는지 이야기해 보자. 그리고 왜 그렇게 생각하는지를 각 사례의 주요 어휘와 패턴을 통해 이야기해 보자.

2) 학술 논문의 어휘와 문법

학술 논문에서 자주 사용되는 어휘와 문법에는 어떤 것들이 있을까? 한국인의 학술 논문을 분석해 보면, 연구자들이 자주 활용하는 표현들을 찾을 수 있고, 이러한 표현들이 항상 일정한 맥락에서 유사한 기능으로 사용된다는 것을 확인할 수 있다. 예를 들어, 예시를 제시하는 맥락에서 "예를 들면 다음과 같다"라는 표현을 사용하거나, 다른 사람의 견해를 인용할 때 "홍길동(2015:35)에 의하면/따르면"과 같은 표현을 사용하는 식이다. 학술 논문에서 자주 사용되는 동사와 패턴만 잘 활용할 수 있어도 자연스러운 문장을 만드는 데 매우 도움이 된다.

다음은 학술 논문에서 자주 쓰이는 동사와 형용사를 제시한 것이다. 각각의 동사나 형용사는 실제 학술적인 논의에서 사용되는 주요 기능, 연구, 분석, 분류, 비교와 대조, 요약 등과 관련이 있다.

✓ 학술 논문에서 자주 사용되는 동사와 형용사

> 동사: 분석하다, 쓰이다, 들다, 나타내다, 살펴보다, 대하다, 제시하다, 요약하다, 정리하다, 보이다, 제시되다, 설명하다, 따르다, 관련되다
> 형용사: 동일하다, 유사하다, 다양하다, 같다, 비하다, 다르다, 강하다

또 위의 동사나 형용사들은 일정한 패턴으로 자주 쓰이므로, 실제 학술 논문에서 이러한 동사와 형용사가 어떠한 패턴으로 쓰이는지를 확인할 필요가 있다. 아래는 이들 중 '같다'가 포함된 대표적인 패턴 "-면 다음과 같다"의 예를 나열한 것이다.

'東夷'가 국명과 지명으로 변한 내용을 정리하면	다음과 같다
모두 60과 부록 3편으로 이루어진 이 책의 내용을 분석하면	다음과 같다
이에 대한 자료는 박영섭(1995:13-21에서 볼 수 있으며 논의의 편의를 위해 이를 표로 제시하면	다음과 같다
해를 돕기 위해 다음에서 필사본 조리서 음식디미방의 일부와 그의 현대판 다시 보고 배우는 음식디미방의 동일 항목 '석류탕'을 비교하여 제시하면	다음과 같다
지금까지 본고에서 다룬 내용을 간단히 요약하여 제시하면	다음과 같다
먼저 자음군 단순화의 절차가 동일한 23ㄱ①의 예부터 제시하면	다음과 같다
필자가 본 연구를 통해 조사한 자료와 이미 알려져 있는 필사본 여성 교육 문헌의 목록을 간략히 제시하면	다음과 같다
이상의 논의를 요약하면	다음과 같다
이 작품에서는 조선시대부터 한국 근현대사의 내용을 읊고 있는데 이를 요약하면	다음과 같다
이 분석을 통해 밝혀진 주요 내용을 요약하면	다음과 같다
1 서 2 발단 3 조치 내용 4 결사의 형식으로 구성된 이 문서의 내용을 요약하면	다음과 같다

〈그림1〉 학술 논문에서 쓰인 '다음과 같다'의 예

 **질문 2**

다음은 '살펴보다'가 학술 논문에서 사용되는 주요 사례들이다. 각각의 예를 읽고, '살펴보다'의 패턴을 찾아보자. 그리고 각 예문의 기능을 이야기해 보자.

'살펴보다'의 예

① 상투어에 대한 개별 연구와 달리 각 사전에서의 처리는 어떠한지 아래 2.2에서 살펴보기로 한다.
② 이를 본문에서 살펴보면 다음과 같다.
③ 이상에서 살펴본 바와 같이 김기진은 대중화 문제를 주로 대중성 있는 작품 창작을 중심으로 고민하고 논의하였다.
④ 000(1999)에서는 1910년에서 1925년경에 이르는 15년여 이르는 기간 동안 식민지 조선에서의 문학 개념의 형성 변모 과정을 살펴보았다.

4. 해 보기

1) 자신이 준비하고 있는 학술적인 글쓰기가 보고서, 학위 논문, 학술 논문 중 무엇인지 이야기하고, 자신이 하고자 하는 주제와 연구 방법론에 창의성이 있는지 스스로 확인해 보자.

2) 위 내용을 중심으로 연구의 목적, 연구 방법론, 연구의 창의성이 드러나는 서론을 작성해 보자. 전체적인 연구의 밑그림이 아직 나오지 않았다면, 현재 진행된 부분까지만 한두 단락의 서론을 써 보자.

2장 논문의 구성과 목차

Point
1. 학술 논문 목차의 주요 구성을 안다.
2. 좋은 목차의 특징을 이해하고, 목차를 구성하는 장과 절의 기능과 구성 원리를 안다.
3. 학술 논문의 논리적인 흐름을 이해하고, 주제에 맞는 목차를 작성할 수 있다.

1. 들어가기

논문을 작성하기 전에, 자신의 연구가 어느 정도 완성 단계에 이르면 논문 목차를 구성할 필요가 있다. 물론 논문의 실제 작성 과정에서 목차는 일부 수정될 수도 있지만, 논문의 시작 단계에서 논문의 목차를 잘 구성하는 것은 연구의 계획을 검토할 수 있다는 점에서 필자 자신에게 매우 중요한 과정이다. 필자는 논문의 목차를 구성하면서 자신이 계획하는 논문의 논리적인 구성을 점검하게 되는데, 이때 논문의 시작에서 완성까지 전체의 논리적인 흐름을 한눈에 확인하게 된다. 또 독자의 관점에서도 목차는 연구의 구성과 전개를 미리 알려준다는 점에서, 논문의 첫인상인 동시에 길잡이라고 할 수 있다. 좋은 논문은 목차만으로도 그 논문이 말하고자 하는 바가 뚜렷하게 드러나므로, 논문의 내용 대강을 확인하고자 하는 독자에게 목차는 매우 중요한 정보이다.

그렇다면 좋은 목차란 어떤 것일까? 독자에게 매력적인 목차는 어떤 것일까? 여기서는 학술적 글쓰기에서 대표적으로 사용되는 목차 구성을 살펴볼 것이다. 그리고 독자에게 매력적인 목차의 요건은 무엇인지를 살펴보기로 한다.

2. 알아보기

1) 학술 논문의 구성

대부분의 논증적인 글과 마찬가지로, 학술 논문 역시 '서론-본론-결론'의 구성을 따른다. 그렇지만 필자에 따라 '본론'을 더 상세하게 2-4개의 장으로 구분하는 경우도 있다. 따라서 서론과 결론을 포함할 경우, 전체의 장은 적게는 4장 구성에서 많게는 6장 구성까지 다양하다. 다음 예시는 유학생이 쓴 학위 논문의 목차이다. 각 목차의 공통점과 차이점을 분석해 보자.

목차 1 한국어와 힌디어의 친족 호칭어 대조 연구

1. 서론
2. 호칭어의 대조 연구를 위한 예비적 논의
3. 친족 관계에 있어서의 호칭어 사용 대조
4. 친족 호칭어의 확대 사용 대조
5. 결론
   참고 문헌
   영문초록

목차 2 한·태 동물명의 의미 확장에 대한 인지언어학적 연구

1. 들머리
2. 이론적 배경
3. 한국어 동물명의 의미 확장 양상
4. 태국어 동물명의 의미 확장 양상
5. 한국어와 태국어 동물명의 의미 확장 양상 대조 분석
6. 마무리

✎ 제시된 세 개의 목차는 모두 한국어와 다른 언어의 대조 연구를 주제로 한 학위 논문 목차이다. 세 가지 목차를 비교해서 살펴보자.

참고 문헌
영문초록

목차 3 한국어와 미얀마어의 의도 표현 대조 분석

1. 머리말
2. 의도 표현에 대한 이론적 고찰
3. 한국어와 미얀마어의 의도 표현 분석
4. 맺음말
   참고 문헌
   초록

질문 1

목차 1~3을 비교해 보고, 공통점과 차이점을 아래의 항목에 따라 분석해 보자.

1) 독자가 이해하기에 가장 좋은 목차는 어떤 목차인지 각자 자신의 의견을 이야기해 보자.

2) 각 목차는 몇 개의 장으로 구성되어 있는가? 위와 같은 목차는 독자의 입장에서 '서론, 본론, 결론'의 간단한 목차와 비교할 때, 어떤 장점이 있는지 이야기해 보자.

3) 각 목차에서 공통적인 역할을 하는 장을 분석해 보자. 그리고 유사한 기능을 하는 목차의 표현을 서로 비교해 보자.

서론-머리말-들머리
결론-맺음말-마무리
참고 문헌
초록

질문 2

다음은 학위 논문에서 필수적인 내용들이다. 목차 1 [한국어와 힌디어의 친족 호칭어 대조 연구]를 대상으로, 아래 1)~10)의 열 개의 항목들이 하위 장의 어느 부분에서 다루어지면 좋을지 이야기해 보자.

〈보기〉

1) 연구 목적 및 필요성 → 1. 서론
10) 연구의 한계와 전망 → 5. 결론

1) 연구의 목적 및 필요성
2) 연구의 구성
3) 선행 연구
4) 이론적 배경
5) 연구의 대상
6) 연구의 절차 및 방법
7) 연구의 내용
8) 연구의 분석 결과
9) 연구의 의의
10) 연구의 한계와 전망

목차 1 한국어와 힌디어의 친족 호칭어 대조 연구

1. 서론
2. 호칭어의 대조 연구를 위한 예비적 논의
3. 친족 관계에 있어서의 호칭어 사용 대조
4. 친족 호칭어의 확대 사용 대조
5. 결론
   참고 문헌
   영문초록

2) 목차의 세부 구성과 역할

위 목차들은 장 구성만으로 제시되어 있는데, 논문의 상세한 내용을 파악하기에는 다소 부족한 부분이 있다. 따라서 일반적으로 논문에서는 장의 구성 아래에 절, 하위 절의 구성까지를 포함하는 경우가 대부분이다. 아래 목차는 위 〈목차 1〉의 장 구성을 절 구성(목차 1-1), 절 구성과 하위 절 구성(목차 1-2)까지 포함하여 다시 제시한 목차이다. 두 사례를 보고 아래 질문에 대해 논의해 보자.

목차 1-1 한국어와 힌디어의 친족 호칭어 대조 연구

〈목차 1〉의 절 구성 추가 사례

1. 서론
   - 1.1. 연구 필요성 및 목적
   - 1.2. 선행 연구
   - 1.3. 연구 방법 및 구성
2. 호칭어의 대조 연구를 위한 예비적 논의
   - 2.1. 힌디어와 한국어의 유형론적 특성
   - 2.2. 호칭어의 개념과 유형
3. 친족 관계에 있어서의 호칭어 사용 대조
   - 3.1. 부모와 자녀 및 손주
   - 3.2. 형제자매와 그 배우자 및 조카
   - 3.3. 친가와 외가
   - 3.4. 시부모와 며느리
   - 3.5. 처부모와 사위
   - 3.6. 부부

(하략…)

✎ 제시된 세 개의 목차는 〈목차1〉의 장 구성에 절과 하위 절 구성을 포함한 목차이다. 이들을 〈목차1〉과 비교해 보자.

목차 1-2 한국어와 힌디어의 친족 호칭어 대조 연구

〈목차 1〉의 절 및 절 하위 구성의 추가 사례

2. 호칭어의 대조 연구를 위한 예비적 논의
  2.1. 힌디어와 한국어의 유형론적 특성
  2.2. 호칭어의 개념과 유형
3. 친족 관계에 있어서의 호칭어 사용 대조
  3.1. 부모와 자녀 및 손주
      3.1.1. 부모에 대한 호칭어
      3.1.2. 자녀 및 손주에 대한 호칭어
  3.2. 형제자매와 그 배우자 및 조카
      3.2.1. 형제자매에 대한 호칭어
      3.2.2. 그 배우자 및 조카에 대한 호칭어
  3.3. 친가와 외가
      3.3.1. 부계에 대한 호칭어
      3.3.2. 모계에 대한 호칭어
  3.4. 시부모와 며느리
      3.4.1. 시부모에 대한 호칭어
      3.4.2. 며느리에 대한 호칭어
  3.5. 처부모와 사위
      3.5.1. 처부모에 대한 호칭어
      3.5.2. 사위에 대한 호칭어
  3.6. 부부
      3.6.1. 부부에 대한 호칭어
      3.6.2. 시가 친족에 대한 호칭어
      3.6.3. 처가 친족에 대한 호칭어

질문 3

〈목차 1-1〉과 〈목차 1-2〉의 예를 보고 장과 절, 절 하위 구성의 기능과 역할에 대해 생각해 보자. 〈목차1〉과 비교해 볼 때, 독자의 관점에서 〈목차 1-1〉이나 〈목차 1-2〉가 가지는 장점은 무엇인가? 목차가 구체적이고 상세한 점이 독자들에게 어떤 도움을 주는지 생각해 보자.

핵심 정리

이러한 사례를 통해 한국어 학술 논문 공동체가 주로 사용해 온 전형적인 목차의 형식과 구성을 요약해 보면 다음과 같다.

1. 일반적인 한국어 학술 논문에서 사용되는 목차는 서론과 결론을 포함하여 5장-6장까지의 구성이 일반적이다.
2. 각 장은 절과 하위 절로 구성되는데, 이러한 절과 하위 절 구성을 통해 논문의 내용을 더욱 잘 파악할 수 있다.
3. 논문의 목적이나 필요성, 의의, 연구 방법과 내용 등 논문에 필수적으로 포함되어야 하는 내용이 있으며, 이들은 각각 서론과 결론 등 특정 장과 절 내에서 위치한다.

3. 배우기

1) 좋은 목차의 요건과 목차 작성하기

　위에서 우리는 한국어 학술 논문 공동체가 주로 사용해 온 논문의 구성과 장절 구성의 대강을 살펴보았다. 이 장에서는 이러한 형식적인 요건 외에 좋은 목차가 갖추어야 할 요건들을 살펴본다. 어느 구어 또는 문어와의 의사소통과 마찬가지로, 학술 논문의 궁극적인 목적은 독자에게 자신의 학술적인 연구 결과나 관점을 잘 설득하는 것이다.

　독자의 관점에서, 독자의 눈높이에서 생각해 보자. 독자의 관점에서 매력적인 목차는 어떤 요건을 가지고 있어야 할까? 목차는 논문의 주제와 함께 독자가 논문을 만나는 첫인상을 결정한다. 또 목차를 살펴봄으로써 독자는 이 논문의 주제가 자신의 관심 주제에 부합하는지를 더욱 정확하게 살펴볼 수 있다. 따라서 좋은 목차는 다음과 같은 요건을 만족하는 것이어야 할 것이다.

〈좋은 목차의 요건〉
1. 연구 주제와 내용을 분명히 보여주고 있는가?
2. 연구의 논리적 구조를 정확히 보여주는 위계와 체계를 가지고 있는가?
3. 독자에게 흥미로운 목차인가? 충분히 구체적이며 새로운 점을 포함하고 있는가?

　여기서는 실제 학생들의 논문 예비 목차를 살펴보면서 위의 '좋은 목차의 요건'을 살펴보기로 한다.

예비 목차 1 한·중 추측 표현 연구
―한중 병렬 말뭉치를 중심으로―

1. 서론
    1.1 연구 목적 및 의의
    1.2 선행 연구
    1.3 연구 대상 및 방법
2. '-겠-', '것 같다'에 대한 이론적 논의
3. '-겠-', '것 같다'의 추측 표현에 대한 한·중 대조 분석
4. 결론

예비 목차 2 한·일 직장 구어 담화에서의 감탄사 사용 양상 대조 연구
―드라마 자막을 중심으로―

1. 서론
2. 선행 연구
3. 연구 대상과 연구 방법
4. 한·일 감탄사의 사용 양상 분석 및 특징
    4.1 한·일 감탄사의 사용 빈도
    4.2 직장 상사와 인턴의 감탄사 사용 빈도 및 특징
5. 결론

예비 목차 3 한·중 신어 대조 연구
―2011~2020년 신어의 통시적 대조를 중심으로―

1. 서론
    1.1 연구 목적
    1.2 연구 대상 및 방법
    1.3 선행 연구

🖉 제시된 두 개의 목차는 모두 한국어와 다른 언어의 대조 연구를 주제로 한 학위 논문 목차이다. 두 목차를 비교해 보고, '서론'과 '결론'을 제외한 '본론'에 해당하는 부분의 구성이 어떻게 다른지 살펴보자.

2. 한·중 신어 조사의 역사와 특징
    2.1 한·중 신어 조사의 역사와 현황
    2.2 한·중 신어 수집 자료의 특징
3. 한·중 신어의 형태론적 대조
    3.1 한·중 신어의 단어와 구의 유형 대조
    3.2 한·중 신어의 품사 대조
    3.3 한·중 신어의 조어법 대조
4. 한·중 신어 대조의 사례 연구
    4.1 한·중 신어의 사회 문화적 양상
    4.2 한·중 인터넷 관련 신어의 대조 분석
5. 결론

질문 1

각 목차의 제목와 부제를 살펴보자. 각 제목과 부제는 논문의 주제와 내용을 보여주는 데에 어떤 역할을 하는가? 위 세 편의 논문 목차는 모두 부제를 포함하고 있는데, 각 목차에서 부제의 기능에 대해서 논의해 보자.

질문 2

각 목차의 장점과 단점을 이야기하고, 논문의 논리적 구성의 측면에서 위 세 편의 목차 중 가장 잘 된 것을 골라 보자. 그리고 가장 부족한 한 편을 선택해서 자신의 관점에 따라 좋은 목차로 수정해 보자.

4. 해 보기

해 보기 1

자신이 속한 대학 학과의 논문 중에서 자신이 관심 있는 논문 주제의 목차 2편을 찾고 목차를 서로 비교해 보자.

1) 제목과 부제를 포함한 전체 목차 비교를 통해 아래 요건을 충족하는지 살펴보자.

〈좋은 목차의 체크 리스트〉
1. 연구 주제와 내용을 분명히 보여주고 있는가?
2. 연구의 논리적 구조를 정확히 보여주는 위계와 체계를 가지고 있는가?
3. 독자에게 흥미로운 목차인가? 충분히 구체적이며 새로운 점을 포함하고 있는가?

2) 2편 중 어떤 논문이 좋은지 그에 대한 이유를 위 요건을 중심으로 써 보자.

해 보기 2

1장에서 자신이 작성한 학술 논문 또는 학술보고서를 이 장의 목차의 구성과 형식, 요건 등을 고려하여 수정해 보자. 그리고 아래의 체크 리스트의 요건을 충족하는지 친구들의 목차와 함께 검토해 보자. 제목과 부제를 포함하여 5장 구성의 목차를 작성해 보자.

Q1. 글을 쓰면서 목차를 자주 수정해도 되나요?

아무리 오래 고민하고 충분히 연구한 주제라 하더라도, 논문을 쓰다 보면 내용이나 논리적 구성이 달라지는 경우가 있습니다. 이때에는 목차의 수정이 필요합니다. 논문을 쓰면서 연구의 방향이 달라지거나 처음 생각했던 목차의 논리적 구조보다 더 좋은 논리적 전개 방식을 발견하게 되는 것은 자연스러운 현상입니다. 처음 목차를 구성하고 목차를 수정하면서 더 좋은 논문의 구성을 만드는 것도 연구의 한 과정이라고 할 수 있습니다.

Q2. 아주 단순한 목차와 상세한 목차, 어떤 것이 좋을까요?

목차는 일종의 '글에 대한 계획'이므로, 일반적으로는 상세할수록 좋다고 합니다. 그러나 필자가 글의 계획을 상세히 짜는 것은 메모 등으로도 가능하니, 독자를 위한 목차에 모두 반영할 필요는 없습니다. 간단명료한 목차는 글의 주제와 내용 전개를 한눈에 보여 준다는 점에서 독자에게 유용한 정보가 됩니다. 목차를 다 구성하고, 글을 완성하고 난 다음 다시 목차의 구성을 점검해 보세요. 학술 논문 전체의 논지와 일관성을 위해 다시 수정 과정이 필요한 경우가 많이 있습니다.

3장 논문의 주제

Point
1. 논문에 적절한 주제를 잡을 수 있다.
2. 주제에 맞는 가설을 세울 수 있다.
3. 주제에 맞는 연구 문제를 만들 수 있다.

1. 들어가기

논문 쓰기는 주제 선정이 논문 작업의 반을 차지한다는 말도 있다. 그만큼 주제를 선택하는 것이 중요하다. 아래의 글은 '박사 논문 주제 선정하기'에 대한 자신의 경험을 소개한 글이다. 아래의 글을 읽고, 질문에 대답해 보자.

박사 과정 2학기부터 시작된 논문 주제를 선정하기 위한 전쟁이 5학기까지 이어졌다. 정확히 말하자면 최종 박사학위 논문을 작성하는 시점까지 이어진 허들이 바로 논문 주제였다. 1학기 때 연구 방법론 수업이 시작될 때 연구 주제는 어떻게 설정하는 것이 좋은지부터 왜 그렇게 해야 되는지까지 많은 지도와 강의를 들었지만 막상 내가 연구할 주제를 잡으려고 하니 '멍'해지기만 했다.

"내가 정작 관심 있는 분야가 뭐지? 그 주제가 학문적으로 가치가 있는 것인가? 지금까지 수많은 연구자들이 내가 연구하고자 하는 그런 착안점에 대해 연구를 안 했을까? 그런데 그 주제를 연구

✎ 무엇이 필자를 '멍'해지게 만들었을까?

한다 해도 어떠한 시사점을 줄 것인가? 남들이 지금까지 도저히 생각하지 못한 세부적인 연구 분야는 어디에 없을까?" 등등 연구 주제 설정에 있어 수많은 번뇌가 이어졌다. 정말 괴로웠다. 솔직하게 말하자면 학문적으로 아는 것이 부족한 나의 지식의 한계가 너무 참담했다. 이러고도 무슨 박사 학위 논문 주제를 선정하고 연구한다는 것인가? 라는 자책도 수없이 밀려왔다. 2학기 '연구 세미나' 시간부터는 모든 과목의 교수님들께서 본인의 연구 주제를 가지고 프레젠테이션을 하도록 하였던 것이 그러한 갈등을 이겨낼 수 있도록 하기 위해 처음부터 교육과정을 그렇게 설계했다는 것을 나중에 알았다.

지금 생각해 보면 발표할 때마다 주제가 바뀌었던 것 같다. 그도 그럴 것이 괜찮다 싶어 발표했던 연구 주제를 놓고 선행 연구를 찾아 보고 깊이 고민을 해 보면, 학문적으로 그것이 연구 주제가 안 된다는 것을 알게 되었기에 주제를 변경할 수밖에 없었다. 남의 코치에서 그런 일들이 일어나는 것이 아니라 나 자신 스스로에게 깨지고 있었던 것이다. 〈이하 생략〉[1]

✏️ '학문적 가치'와 '연구'의 의미에 대해 생각해 보자.

질문 1

선행 연구를 조사하는 과정에서 **괜찮다 싶어 선정한 연구 주제 또는 보고서의 주제**가 적당하지 않다고 느낀 경험이 있는가? 있다면, 어떤 연구 주제였고, 왜 그렇게 느끼게 되었는지 이야기해 보자.

 질문 2

대학 학부에서 전공이나 교양 과목의 보고서의 주제와 대학원 석사 과정 이상에서 다루는 학술 논문, 그리고 학위 논문의 주제는 어떤 부분이 같고, 어떤 부분이 다른지 예를 들어 이야기해 보자.

주제 구분	학부 보고서	대학원의 학술 논문과 학위 논문
공통점		
차이점		

2. 알아보기

1) 논문에 적합한 주제

논문의 주제는 논문을 계획하는 단계에서 제일 먼저 수립해야 한다. 논문은 객관성, 경험성, 재생 가능성, 체계성의 특성을 갖고 있다(이채호, 2018:24-25). 논문의 주제도 논문이 가져야 하는 이 네 가지 특성을 고려해 잡아야 한다.[2] 아래의 글에서 소개하는 논문의 주제를 찾아가는 단계에 따라 논문에 적합한 주제를 찾아가 보자.

논문의 주제를 찾아가는 단계는 다음과 같다. 첫째, 기초 연구인지 응용 연구인지를 결정하자. 기초 연구(basic research)는 해당 분야의 기본 이론을 바탕으로 하는 연구이다. 이론을 바탕으로 새로운 현상을 확인하고, 또 다른 지식을 추가해, 이	✏ 문단의 소주제문 찾기

론적 기반을 확장하는 것이 기초 연구이다. 반면 응용 연구(applied research)는 이론을 실제에 적용하는 연구이다. 기초 연구를 통해 도출한 이론적 지식들을 실제 상황에 적용하고, 응용해 보는 연구가 응용 연구라 할 수 있다. 한국어의 모음 발음과 영어의 모음 발음 간의 차이를 음운론의 관점에서 살펴보는 것은 기초 연구에 속하며, 영어권 외국인 한국어 학습자가 한국어 모음 발음의 정확성을 높이는 데 필요한 교수법을 모색하는 것은 응용 연구에 속한다.

둘째, 해당 연구 분야에서 관심 있는 연구 주제의 키워드를 찾아 나열해 보자. 키워드를 세분화하고, 구체화하는 과정에서 해당 연구 주제의 키워드에 해당하는 질문거리를 찾아볼 수 있다. 예를 들어 외국인을 위한 한국어 교육 분야에 관심이 있다면, 내가 관심 있는 분야를 아래 예시와 같이 상위 범주에서부터 키워드 중심으로 써 보는 것이다. 이렇게 키워드 중심으로 연구 영역과 연구 주제 후보를 써 나가고 자문자답하는 과정에서 내가 연구하고 싶은 주제를 발견하고, 구체화할 수 있다.

예시

키워드1	중국인 한국어 학습자의 한국어 오류			
키워드2	발음 오류	억양 오류	문법, 통사 오류	어휘 오류
키워드3	자음? 모음? 받침? 발음 규칙?	서법별 오류 양상	통사 오류	의미적 불일치 오류
질문	중국어의 성모, 운모 구조가 한국어 발음에 영향을 주는가? 중국인 한국어 학습자는 한국어 연음 법칙을 잘 수행하는가?			
가설	중국어가 받침이 분리되지 않는다는 점이 중국인 한국어 학습자의 한국어 발음에 영향을 미칠 것 같다.			

셋째, 해당 연구 주제의 리뷰 논문을 읽고, 선행 연구 목록을 조사해 작성해 보자. 논문에는 연구 논문과 리뷰 논문이 있다. 연구

논문은 실험이나 인터뷰, 설문 조사 등을 통해 1차 데이터를 모으고 분석하는 고유 연구를 가리키며, 리뷰 논문은 독자적인 연구가 아니라 다른 연구자의 연구 논문 또는 문헌을 주제에 따라 모아 연구 현황을 검토해 보고하는 논문을 가리킨다. 리뷰 논문을 보면 해당 연구 주제의 선행 연구의 흐름을 파악하고, 인용 또는 살펴볼 선행 연구 목록을 작성해 볼 수 있다.

예를 들어, 1) '부가준, 배영환(2020), 한국어 합성어에서의 경음화 습득 양상 연구-중국인 학습자를 중심으로, 『국제어문』 84, 국제어문학회, 427-460.'과 같은 논문은 연구 논문이며, 2) '범류(2020), 중국에서의 한국어 발음 교육 연구 현황 및 과제, 『이중언어학』 81, 이중언어학회, 149-174.'와 같은 논문은 리뷰 논문이다.

넷째, 선행 연구를 살펴보면서 기존 연구의 맥락 속에서 내가 할 수 있는 것이 무엇인지 생각해 보고, 나의 연구 주제를 구체화해 보자. 예를 들어 '중국인 한국어 학습자 받침 발음 오류'에 관심이 있다면 이를 바탕으로 관련 연구를 살펴보는 것이다. 이때 구글 학술 검색(Google scholar)이나 한국 학술연구정보서비스(riss4u.net)와 같은 웹 기반 논문 검색 서비스를 사용해 볼 수 있다.

〈그림 1〉 학술 연구 정보 서비스의 검색 화면

✏️ 한국 학술연구정보서비스는 유료 서비스지만, 각 대학 도서관을 통해 접속하면, 기관 접속자로 사용이 가능하다.

다섯 째, 구체화해 결정한 연구 주제의 범위 안에서 증명하고 싶은 가설 또는 연구 문제를 설정하고 연구 방법을 결정해 보자. 네 번째 단계를 통해 '중국인 한국어 학습자의 한국어 연음 법칙 적용 오류 양상과 개선 방안'이란 주제를 도출해 냈다면, 이 주제의 범위 안에서 연구자로서 내가 확인하고 싶은 연구 문제(또는 연구 가설)들을 찾아보는 것이다. 예를 들어, '중국인 한국어 학습자는 모국어의 영향으로 한국어 연음 법칙 중 특히 유음의 연음 적용에 어려움을 겪을 것이다.'와 같은 것이 확인하고 싶은 연구 가설이 될 수 있다. 연구 가설에 따른 연구 방법과 연구 내용에 대한 논의는 다음 장에서 좀 더 자세히 다루기로 한다.

〈그림 2〉 구글 학술검색의 검색 화면

✎ 각 대학 도서관에 로그인한 상태에서 구글 학술검색에 접속해 필요한 자료를 검색하면, 해당 대학 도서관과 연계된 논문 서비스의 경우, 기관 접속자로 사용이 가능하다.

질문 1
위의 글에서 설명한, 연구 주제를 구체화하는 단계를 아래 표에 요약해 보자.

1단계	
2단계	
3단계	
4단계	
5단계	

질문 2
'질문1'에서 정리한 단계에 따라, 아래에 제시된 연구 분야 내에서 가능한 연구 주제를 도출해 보자.

관심 연구 분야	외국인 한국어 학습자의 한국어
1단계	
2단계	
3단계	
4단계	
5단계	
구체화한 주제	

> **지식 더하기**
>
> **주제와 주제문**
>
> **주제:** 가주제, 참주제
>
> **주제문:** 글의 목적에 따라 내용과 형식에 차이가 있음.
> 　　　　　설명(정보 전달), 설득(논증), 공감(문학 작품)
>
> **설명:** 주제+전달할 정보
> 　　예) 중국인 한국어 학습자의 한국어 발음에서의 고빈도 오류는 한국어 받침 발음이다.
> 　　　　　　　(주제)　　　　　　　　　　　　　　　　　(전달할 정보)
>
> **설득:** 주제+논증할 주장
> 　　예) 중국어 음절의 구조가 중국인 한국어 학습자의 한국어 받침 발음 오류의 원인이다.
> 　　　　　(주제)　　　　　　　　　　(논증할 주장)
>
> **공감:** 주제+공감을 유도할 감정
> 　　예) 중국인 한국어 학습자의 한국어 발음을 들을 때마다 나의 중국어 발음은 중국인들에게 어떻게 받아들여질까 고민하게 된다.
> 　　　　　(주제)　　　　　　　　　　　　　　　　　　(감정)

2) 연구 문제와 연구 가설

아래에 제시한 글은 연구 문제와 연구 가설에 대한 글이다. 아래의 글을 읽고, 질문에 답해 보자.

연구 문제와 연구 가설이 무엇인지 생각해 보자. 연구 문제는 변인들 간의 관계에 대한 설명이다. "대학생이 선호하는 미디어의 유형과 미디어별 이해도 간에 상관관계가 있을까?"와 같은 것이 연구 문제이다. 연구 가설은 이러한 연구 문제에 대한 연구자의 답이다. 물론 이 답은 잠정적 답으로, 결정적이지는 않다. 논증의 결과로 예측되는 답이라 할 수 있다. "대학생이 선호하는 미디어의 유형과 미디어별 이해도 간에는 상관 관계가 있을 것이다."가 앞서의 연구 문	✏️예시 분석하기

제에 대한 대략의 연구 가설이 될 수 있다.

*참고: 문수백(2003), 『학위 논문 작성을 위한 연구 방법의 실제』, 학지사.

질문 1

위의 논문 주제 구체화하기를 통해 도출한 주제를 바탕으로 연구 주제와 주제문을 만들고, 가능한 연구 문제를 2개 만들어 보자.

연구 주제와 주제문

↓

가능한 연구 문제

1.

2.

질문 2

[질문1]의 연구 문제에 대한 연구 가설을 2개씩 만들어 보자.

연구 가설

1.

2.

3. 배우기

1) 주제와 주제문 찾기

배우기 1

아래는 학술 논문의 일부분이다. 이 글에서 이 논문의 '주제'와 '주제문'을 찾아보자.

이 연구는 기존에 수행되어 온 한국어 학습자들의 한국어 음성 음운 체계 습득 양상에 대한 연구를 좀 더 다양화하기 위한 목적으로 시도되었다. 즉, 좀 더 다양한 언어권 출신의 한국어 학습자의 한국어 운율 체계의 습득 양상을 논의하기 위한 시도이다. 이를 위해 이 연구에서는 먼저 한국어 학습자를 대상으로 한 기존의 연구에서 잘 다뤄지지 않은, 인도네시아어를 모어로 하는 인도네시아인 한국어 학습자를 대상으로, 이들의 한국어 낭독체 발화에서 나타나는 한국어 운율 체계의 습득 양상을 살펴보고자 한다. 특히, 운율 체계 중에서도 강세구와 억양구의 실현 양상 및 운율구 내 음조의 실현 양상에 초점을 두고, 인도네시아인 한국어 학습자의 한국어 낭독체의 운율 체계의 실현 양상을 한국인의 실현 양상과 비교해 볼 것이다.[3]	✏️ 문단별 소주제문을 찾아보자.

질문 1

위에 제시한 논문의 '주제'를 찾아보자.

질문 2

위에 제시한 논문의 '주제문'을 찾아 써 보자.

질문 3

'주제'와 '주제문'의 공통점과 차이점을 이야기해 보자.

2) 연구 문제와 연구 가설

배우기 2

아래의 글을 읽고, 질문에 답해 보자.

이 연구에서 인도네시아인 한국어 학습자의 한국어 낭독체 운율 체계를 살펴보기 위해 설정한 연구 질문은 다음과 같다. 첫째, 인도네시아인 한국어 학습자가 발화한 한국어 문장의 발화 속도는 문장별로 어떠한가? 둘째, 인도네시아인 한국어 학습자는 한국어 문장을 발화할 때 강세구와 억양구를 어떻게 실현하는가? 셋째, 인도네시아인 한국어 학습자는 한국어 발화의 초와 말의 위치에서 어떤 양상으로 억양 음조를 실현하고 있는가? 넷째, 이러한 운율 체계 실현의 결과로 볼 때, 인도네시아인 한국어 학습자들이 한국어의 운율 체계를 자연스럽게 실현하기 위해 고려해야 할 요소로는 어떠한 것이 있는가?

질문 1

위에 제시한 논문의 '연구 문제'를 찾아보자.

질문 2

아래의 연구 결과를 참고하여 위의 논문에서 사용된 연구 가설을 정리해 보자.

지금까지 인도네시아인 한국어 학습자(이하 GI로 칭한다.)가 실현한 한국어 낭독체의 운율 체계에 대해 논의하였다. 앞서 제시한 연구 질문의 순서에 따라 연구 결과를 정리하면 다음과 같다.

첫째, GI의 한국어 문장 발화 속도는 개인 변이가 있지만, 한국인의 실현 수준에는 미치지 못한다. 이는 GI의 초당 발화 음절 수가 평균 4.92음절인 반면 한국인은 초당 평균 6.50음절로 나타난 것으로 알 수 있다.

✏ 문단별 소주제문을 찾아보자.

둘째, GI는 한국어 문장을 발화할 때, 강세구보다 억양구를 많이 형성한다. 억양구는 보통 발화 내의 위치의 경우 접속사나 연결어미의 위치에서 형성될 것으로 기대된다. 또한 발화 속도에 따라 발화 내의 위치에서 실현되지 않기도 한다. 이 연구에서는 실험 결과, 한국인의 강세구의 실현은 억양구당 평균 2.071개이며 GI는 1.008개인 것으로 나타났다. 즉, 이 연구의 GI는 한국인에 비해 발화 내에서 강세구보다 주로 억양구를 많이 실현한 것이다. 이러한 운율구 실현 양상에서의 차이는 발화 속도에도 영향을 미친다. 억양구를 많이 형성할수록 화자가 끊어 읽기를 더 많이 한 것으로 볼 수 있기 때문이다. 또한 외국인 한국어 학습자의 경우, 유창성의 차이로 끊어 읽기를 더 많이 했을 것이라는 예측도 가능하다. 결국 GI가 한국어를 발화할 때, 강세구보다 억양구를 많이 형성한 것이 한국인과의 발화 속도 비교에서 나타난 차이의 원인으로 볼 수 있다.

셋째, GI는 특히 강세구의 시작 자음의 유형에 따라 실현되는 시작 음조에 있어 한국인과 차이가 있다. 또한 억양구 경계 음조에서는 억양구의 발화 내 위치에 따라 차이가 있지만, 한국인보다 고성조(H%)를 주로 많이 실현하였다. 강세구의 경우, 서울말을 기준으로 한 한국어의 운율 패턴은 시작 자음이 강자음일 경우 고성조, 약자음일 경우에는 저성조로 실현되는 것이 일반적이다(Jun 2000). 그러나 GI는 강세구 실현 시 약자음과 강자음을 크게 구분하지 않고, 음조를 실현한 것으로 나타났으며, 한국인은 시작 자음을 어느 정도 고려한 것으로 나타났다. GI의 억양구 경계 음조에서 나타난, 한국인에 비해 높은 비율의 고성조(H%)의 실현 또한 관심을 기울일 필요가 있다. 운율 패턴에서 시작 음조와 경계 음조의 실현 양상은 지각적인 측면에 있어 발화 언어의 인상을 결정하기 때문이다. 따라서 GI를 대상으로 한국어의 운율 체계를 교육할 때에는 강세구에서는 시작 자음에 따른 시작 음조의 실현 양상을 고려해야 하며, 억양구에서는 서법에 따른 경계 음조의 실현 양상을 고려할 필요가 있다.

넷째, 지금까지 논의한 GI의 운율 체계 실현 양상으로 볼 때, 인도네시아인 한국어 학습자들이 한국어의 운율 체계를 좀 더 자연스럽게 실현하기 위해서는 특히 강세구와 억양구의 실현 비율을 고려할 필요가 있다. 문장 말이자 발화 말의 위치를 제외한 발화 내의 위치에서는 억양구보다는 강세구를 좀 더 자연스럽게 실현하도록 지도할 필요가 있는 것이다. 물론 이러한 운율구의 형성에는 접속사나 연결 어미, 종결 어미와 같은 통사적 단위뿐 아니라 의미 단위도 영향을 미친다는 점을 아울러 지도해야 한다.

이 연구의 결과는 GI가 좀 더 한국인의 운율 체계에 가깝게 한국어를 산출할 수 있도록 지도할 때, 어떠한 점에 더 유의하여 지도해야 하는지를 시사한다. 또한 이상의 연구 결과는 외국어로서의 한국어 교육에 있어 한국어 운율 체계의 유창성과 자연스러움을 높이는 데 기초 자료로 활용할 수 있다.

〈연구 가설〉

3) 주요 표현

(1) 주제와 주제문

> *주 제: 논문의 제목이 될 수도 있음. 글에서 가장 상위 개념.
> *주제문: 주제+주장(논증을 위한 목적의 글일 경우, 주제문이 전달해야 할 중요 구성 요소)

논증하는 글을 위한 주제문의 구성 요소를 고려하여 아래의 키워드를 이용해 논증을 위한 글의 주제문을 주어진 형식에 따라 만들어 보자.

• ~은/는 ~이다(하다).

키워드: 대중매체, 사회적 역할, 중요
주제문 만들기:

• ~은/는 ~아/어야 한다.

키워드: 대중매체, 사회적 역할
주제문 만들기:

(2) 연구 문제

위에서 사용한 키워드나 주제문을 활용하거나 자신만의 키워드를 만들어 주어진 형식에 따라 연구 문제를 만들어 보자.

• ~에 따라 ~에 차이가 있는가?

주제문:
연구 문제 만들기:

- ~에 따라 ~에 차이가 있을 것인가?

주제문:
연구 문제 만들기:

- ~이/가 ~에 미치는 영향이 있는가?

주제문:
연구 문제 만들기:

(3) 연구 가설

위에서 사용한 키워드, 주제문, 연구 문제를 활용하거나 자신만의 키워드를 활용한 주제문, 연구 문제를 바탕으로, 주어진 형식에 따라 연구 가설을 만들어 보자.

- ~에 따라 ~에 차이가 있다.

주제문:
연구 가설 만들기:

- ~에 따라 ~에 차이가 있을 것이다.

주제문:
연구 가설 만들기:

- ~이/가 ~에 미치는 영향이 있다.

주제문:
연구 가설 만들기:

4. 해 보기

해 보기 1

(1) 연구 계획 단계에서 해야 할 일이 무엇일지 생각해 보고, (2) 연구 계획서에 들어갈 내용을 아래의 빈칸을 이용해 작성한 후, (3) 자신의 연구 계획서를 작성해 보자.

연구 계획서	
연구 주제	

해 보기 2

위에서 작성한 연구 계획서를 바탕으로 논문의 '서론'을 작성해 보자.

조건	1. 연구 주제 도출 배경이 포함될 것. 2. 연구 주제와 주제문이 분명히 드러날 것. 3. 연구 문제와 연구 가설을 기술할 것. 4. 연구 주제 도출 배경, 연구 주제와 주제문, 연구의 필요성, 이 연구만이 가지는 차별점, 이 연구의 목적, 연구 문제, 연구 가설 등의 요소를 적절히 선택해 배열할 것.

4장
연구 내용과 방법

Point
1. 연구 주제에 따라 연구 방법과 연구 내용이 어떻게 달라지는지 안다.
2. 질적 연구와 양적 연구의 특징과 두 연구 방법 간의 차이를 안다.
3. 질적 연구와 양적 연구에 주로 쓰이는 세부적인 연구 방법을 알고 실제 연구에 적용할 수 있다.

1. 들어가기

아래의 글은 '연구 방법'에 대한 설명이다. 아래의 글을 읽고, 다음에 제시된 질문의 답을 찾아보자.

연구 주제와 연구 목적을 결정했다면, 다음은 연구 주제에 따라 적절한 연구 방법을 고민해야 한다. 연구 방법은 연구 대상이나 주제에 대한 접근 방식에 따라 다양하다. 대표적인 연구 방법으로 질적 연구와 양적 연구를 들 수 있다. 질적 연구는 연구 주제나 대상이 가지는 주관적 특징을 연구하는 방법이다. 반면 양적 연구는 수치화된, 객관적인 자료를 통계 등의 객관적인 방식으로 분석해 연구 결과를 도출하는 방식이다. 질적 연구와 양적 연구 중 연구의 방법이 정해졌다면, 세부적인 자료 수집 또는 조사 방법으로 문헌 연구, 사례 연구, 실태 조사, 실험, 인터뷰 등이 있다.	✏️ 요약하기

세부적인 자료 또는 조사의 방법들도 각각 질적인 연구 방법과 양적인 연구 방법으로 나눌 수 있다. 예를 들어 설문 조사, 실험, 객관적 평가의 결과 등은 양적인 연구 방법에 맞는 방법이며, 참여 관찰, 인터뷰 등의 심층 면접 등은 질적인 연구 방법에 적합한 방법이다. 논문의 주제와 목적에 맞게 적절한 연구 방법을 선택해야 자신이 세운 연구 문제나 가설을 정확하게 검증할 수 있다.

질문 1
다음 연구 방법들은 질적 연구와 양적 연구 중 어떤 연구에 적합한지 생각해 보자.

세부 연구 방법:
① 100명의 한국어 학습자를 대상으로 제시한 한국어 단어의 적절한 발음을 객관식으로 고르기
② 초급, 중급, 고급 한국어 학습자 남녀 각 1명을 대상으로 숙달도별 한국어 학습 방법을 조사하기

질문 2
3장에서 만든 연구 주제와 연구 문제에 대해 적절한 연구 방법을 제시해 보자.

2. 알아보기

1) 질적 연구와 양적 연구의 특징과 차이

아래에 제시한 글은 질적 연구와 양적 연구에 대한 설명이다. 이 글을 보고 질문에 답해 보자.

> 배재덕(2010:186)은 질적 연구와 양적 연구에 대해 아래와 같이 설명하고 있다.
>
> "질적 연구는 철학적 배경, 방법적, 배경, 연구 목적 등에서 양적 연구와 다르기 때문에 연구를 평가하는 기준 또한 양적 연구와는 구별된다. 질적 연구에는 가장 일차적인 자료 수집 방법이라고 할 수 있는 심층 면접, 관찰, 그리고 기록 참조 등이 있다.
>
> 사회 복지 실천에서 가장 기본이 되는 과정 기록, 메모, 그리고 사례 보고 등은 질적 연구의 자료 분석 과정과 매우 유사하다. 현상학적 사고에 기초한 질적 연구는 집적된 연구 자료들을 통해서 어떤 객관적이고 절대적인 진리를 드러내는 것보다 다양한 시각들을 끌어내는 사고를 형성하는 데 주안점을 두고 있다.
>
> 일반적으로 타당성은 과학적 연구 결과의 정확성을 의미한다. 그러나 사회 복지 조사에 있어서 연구자의 주관이 개입되지 않은 완전히 객관적인 관찰은 불가능한바 조사 결과를 일반화하기 위해서는 적절한 측정 방법의 활용이나 일탈 사례 분석과 지속적인 비교 방법을 연구하고 연구자들이 내, 외부의 요인들로부터 자유로워지도록 함으로써 질적 조사의 타당도 제고에 기여하고자 하는 데 이 논문의 연구 목적이 있다[4]. (중략)

✏️ 예시 분석하기

질적 연구는 양적 연구에 비하여 융통적이고 유동적인 조사 절차와 방법을 사용한다. 질적 연구에 참여하는 연구자는 연구 방법과 절차를 사전에 결정하지 않고 연구가 진행되는 상황에 따라서 그때 그때 적절한 방법을 선택한다. 질적 연구의 설계는 양적 연구에서처럼 미리 설계되지 않는다. 질적 연구에서는 자료 수집 과정에서 자료 수집 대상과 방법이 바뀌기도 한다. 자료 수집과 자료 분석이 양적 연구에서처럼 구분되어 있지 않고 동시에 진행된다.

질적 연구자는 자료를 수집해 가면서 자료의 유사점과 차이점을 탐색하고 왜 그런 현상이 일어나는지 유추해 간다. 이러한 과정에서 파악된 현상에 대하여 지속적으로 명제를 제시해 가고 일시적으로 결론을 내리며 이를 기반으로 자료를 계속 수집해 가면서 새로운 주제가 나타나는지 탐색한다.

질적 연구에서는 객관적인 관찰이라는 것을 믿지 않고 연구자의 관찰하는 행위 자체가 조사되는 대상에 영향을 준다고 본다. 그리고 연구자와 연구 대상자들의 주관적인 생각이나 느낌 등을 가치 있는 자료로 간주한다. 양적 연구에서는 연구자가 조사 과정에서 객관적인 입장에 있으나 질적 연구에서는 연구자가 조사 과정에 깊이 관여하며 스스로 측정 도구의 역할을 한다.

질적 연구자는 구체적인 경험적 자료를 수집하고 이를 근거로 잠정적인 이론에 도달하는 귀납적 방법을 선호한다. 연구 대상자의 실제 상황과 맥락을 중시하고, 자연스러운 상황에서 일어나는 일상적 행위에 담겨진 의미를 이해하려고 한다. 질적 연구자는 복잡하게 연결되어 있는 상황들을 질적으로 묘사하기 위하여 이야기식의 서술을 선호한다. (중략)

질적 연구의 단점은 연구자의 주관이 많이 개입되고, 연구 결과의 신뢰도가 일반적으로 낮고 조사 결과를 일반화하기 어렵다는 점 등이다. 그러나 질적 연구의 다양한 접근 방식과 과정을 통해 획득되는 이해 능력은 전문적인 사회 복지를 실현하기 위한 새로운 대안을 제시할 수 있다고 본다. (이효선, 2007)"

질문 1

위의 글을 읽고, 아래 표에 질적 연구와 양적 연구에 대해 정리해 보자.

	질적 연구	양적 연구
정의		
연구 방법의 특징		
장점		
단점		
적절한 연구 주제		

질문 2

아래의 예시는 질적 연구 또는 양적 연구로 진행된 학술 논문 제목의 일부와 초록이다. 논문 제목과 초록의 본문의 (　　　)에 들어갈 알맞은 연구 방법을 생각해 보자.

중년 여성의 가족 갈등 경험에 관한 (　　　) 연구[5]

〈초록〉

연구의 목적은 중년 여성의 가족 갈등 경험을 내부자 관점에서 심층적으로 이해하는 것이다. 이 연구는 (　　　) 연구 방법 중 하나인 근거 이론 방법을 활용하여 이루어졌으며, 연구 참여자는 40대 중년 여성 9명이었다.

연구 결과, 「가족 갈등 속에서도 함께 성장하기」라는 핵심 범주를 발견하였고, 연구 참여자들은 "가족 갈등 속에서도 함께 성장하기로 나아가는 과정"에서 '만족형', '도전형', '불안형'의 3가지로 유형화되었다. 연구참여자들은 다양한 원인으로 인해 과거 아동·청소년기에 발달 과업을 제대로 달성할 수 없었는데, 이는 지금까지 가족관계에 영향을 미치고 있었다. 그것들은 부부관계의 의사소통 부재, 아동양육에서의 갈등, 자기존재의 불안정성 등이었다. 그러나 연구참여자들은 자기 스스로의 힘과 외부 도움을 통해 자녀와의 관계, 부부관계 그리고 자기 자신을 수용하고 받아들임으로써 현실적으로 가족 관계를 유지하고 있었다.

( )에 들어갈 알맞은 연구 방법	
그렇게 판단한 근거	

질문 3

아래에 기술된 연구 방법이 양적 연구에 해당하는지 질적 연구에 해당하는지 판단해 보고 이 연구의 연구 방법과 연구 내용, 그렇게 판단한 근거를 작성해 보자.

이 연구의 연구 대상은 미디어 리터러시 관련 교양 교과를 수강하는 대학생이다. 이에 설문 대상은 2020년 2학기 A대학의 미디어 언어의 이해 강의와 2021년 1학기 B대학의 국어와 매체 언어 강의 수강자로 한정하였다. 조사는 이들을 대상으로, 미디어 리터러시에 대한 인식과 미디어 사용 양상을 조사하고 디지털 리터러시 진단 평가를 구글 폼으로 시행하였다. 두 강의의 수강생은 A대학 29명, B대학 57명으로 한국인 남학생 48명, 한국인 여학생 27명, 외국인 남학생 7명, 외국인 여학생 4명으로 구성되었다. 최종 분석 시에는 외국인 유학생을 제외하였다. 이에 이 연구의 분석 대상은 A대학 29명, B대학 46명의 총 75명이다. 이중 남학생 48명(64%), 여학생 27명(36%)이며 학년은 수강 학기 기준으로 1학년이 2.3%, 2학년이 29.1%, 3학년이 12.8%, 4학년이 55.8%이다.

설문 조사는 구글 폼을 사용하여 강의별 1주차 1차시 시간에 강의용 이클래스와 LMS 시스템을 활용해 답하게 하였다. 1주차 1차시에 진행된 설문은 미디어 사용 실태와 디지털 리터러시 역량을 파악하기 위한 설문으로 구성하였으며, 미디어 리터러시에 대한 개념 인지 여부에 설문하게 한 후, 미디어 리터러시의 개념을 교수자가 설명한 후, 제시한 설문 항목들에 응답하도록 하였다.[6]

연구 방법	
연구 내용	
판단한 근거	

2) 질적 연구의 구성 요소

아래의 논문은 박사 과정 유학생이 작성한 현대 문학 분야의 학술 논문의 일부이다. 읽으며 이 연구의 중심 내용을 파악해 보자.

최인훈의[7] 「가면고」에 등장한 인도의 문화적 요소를 분석하기 위해서는 근대와 현대의 인도 문화보다는 고대의 인도 문화에 초점을 맞출 필요가 있다. 문화적인 측면에서 인도는 불교를 통해 한국에 영향을 끼쳤다. 그렇지만 인도 문화 가운데 불교적 요소를 정확히 이해하려면 적어도 기원전 천여 년까지 거슬러 올라가 그 기원부터 살펴봐야 한다.

「가면고」에서 설정된 삼천여 년 전이라는 시간은 작품이 발표된 해인 1960년부터 약 삼천여 년 전, 바로 기원전 천여 년이다. 따라

✏ 예시 분석하기

서 실제 역사와 작품 내적 시간의 일치가 어떤 의미를 지니는가를 살필 필요가 있다. 주지하다시피 불교는 인도에서 기원전 500년쯤에야 생긴 종교이다. 즉, 「가면고」에서 최인훈은 인도인인 다문고 왕자의 등장 시기를 '불교가 탄생하기 500여 년 전'으로 설정한다는 뜻이다.

"인도에서 인더스 문명인 모헨조다로와 하라파에 대한 고고학적 발굴 결과에 따르면 농경문화인 인더스 문명은 대략 기원전 3000년경에 시작되었다고 하지만, 당시의 글자를 정확히 해독할 수 없어 현대인들은 기원전 2000년 혹은 1500년경부터 인도로 이주를 시작한 아리아인들의 '베다 문화'부터 이해해야만 한다."[8] 이것은 인도 선주민 중심의 '인더스 문명'과 아리아인 중심의 '베다 문명'의 융합이 오늘날 인도 문화의 독특한 특성인 '다양성 속의 통일성'이라는 결과를 낳았다는 것을 말해 준다.

한편으로 「가면고」에서 현대와 고대 주인공에 의해 자주 언급되는 '브라마(Brahma)'는 최인훈이 인도 문화적 요소를 차용하는 의도를 알 수 있게 하는 중요한 요소이다. "인도의 가장 오래된 문헌인 『베다』에는 다양한 신들의 이름이 등장한다."[9] 주로 "자연현상을 신격화한 베다교는 다신교에서 교체신교 및 일신교를 거쳐 범신론, 철학적인 일원론에 이르기까지 온갖 형태의 신앙이 모두 들어 있는, 말 그대로 종교의 보고이다."[10]

그 가운데 "신을 중심으로 하는 종교적 신념과 카르마(업)라는 독특한 철학적 이론을 가진 '브라흐마 종교'의 카스트 제도"[11]의 영향 하에서 당시의 정신문화는 개인의 의지나 노력으로는 주어진 운명을 결코 바꿀 수 없다는 숙명론으로 변화했다. 즉, 인간이 선천적으로 결정된 신분을 가지고 태어났기 때문에 카스트 제도 속

모든 영역(정신적·물질적)의 활동에서 신분의 상승을 꾀할 수 없다는 뜻이다. 그러나 이러한 브라흐마니즘적인 고대 인도의 문화는 베다 시대의 후기(탈-베다 시기)인 기원전 600년쯤부터 점점 변화했다. 당시 "왕국들 사이에는 통일을 위한 내전과 페르시아의 외세 침입 하에서 브라흐마니즘적 사상에 반대하는 반-브라흐마니즘이 흥기한 상황"[12]이었는데, 이 시기에 나타난 "불교(Buddhism)와 자이나교(Jainism)가 바로 반-브라흐마니즘의 대표적인 종교 형태이다."[13]

기원 천여 년 전, 브라마를 추구한다는 설정을 통해서 최인훈은 고대 인도의 브라흐마니즘적인 문화와 반-브라흐마니즘적인 문화의 충돌에서 드러나는 인간의 자유 지향 의지에 주목하였고, 이러한 점을 한국적 상황에서 표현하였음을 알 수 있다. 본 글에서는 이러한 관점에서 「광장」의 원형[14]이라고 불리는 「가면고」에 나타난 인도 문화적 요소의 의미를 다각적으로 분석하고, 1960년대 한국에서 이 작품이 지니는 문학적 가치를 심층적으로 논의하고자 한다. 이와 같은 논의에서 인도인 문학 연구자인 필자는 유리한 위치를 점한다고 할 수 있다. '인도 문화 찾기'와 같은 본고의 연구 관점은 독자들에게 세계관이 넓고 글쓰기가 난해한 최인훈 작가의 작품들을 이해하는 데 큰 도움을 줄 수 있다고 믿는다.

질문 1

위의 예시는 질적 연구로 진행된 학술 논문의 서론 부분이다. 밑줄 친 부분에서 연구 목적과 연구 방법을 찾아 아래의 표에 정리해 보자.

연구 목적	
연구 방법	

🔍 **질문 2**

질적 연구에 적합한 연구 주제를 생각해 보자.

적합한 연구 주제	

3. 배우기

1) 질적 연구와 양적 연구의 구성

다음은 '한국어 교사의 외국어 학습 경험이 교사 실행에 미치는 영향에 대한 질적 연구[15]'라는 논문의 일부이다. 제목, 목차, 그리고 인용된 논문의 일부분을 보고 제시된 질문에 답해 보자.

	✏️ 예시 분석하기

[1] 목차
1. 서론
2. 선행 연구
3. 연구 방법
    3.1. 연구 대상
        3.1.1. 교사
        3.1.2. 학습자
    3.2. 연구 자료
        3.2.1. 일지
        3.2.2. 동영상
        3.2.3. 인터뷰
4. 결과 분석 및 논의
    4.1. 일지 분석	

         4.1.1. 교사의 수업 일지 분석
         4.1.2. 학습자의 학습 일지 분석
      4.2. 구두 교정 피드백 분석
      4.3. 인터뷰 분석
   5. 결론

[2] 연구 방법

　본 장에서는 교사의 외국어 학습 경험이 교사 실행에 어떤 영향을 끼치는지 확인하기 위한 연구 방법을 논의한다. 본고는 교사와 학습자의 일지를 분석하고, 그 후 구체적으로 교사의 외국어 학습 경험이 교사 실행에 어떠한 영향을 끼치는지 확인하기 위해 교사의 구어 피드백을 분석하였다. 교사의 구어 피드백 연구는 다양한 상황 및 맥락적 변인에 의해 양적 연구에서 일관된 결과를 도출해 내기 어렵기 때문에 실증주의에서 벗어나 해석주의 연구로의 접근을 하였다(김지연, 2018:8). 그리하여 본 연구는 교사 인터뷰를 끝으로 심층 묘사(thick description)를 통한 질적 연구를 진행하였다.

[3] 질적 연구 결과 분석 중 일부

　아래 교사 B의 5일 차 일지 예시를 통해 어떠한 방식으로 일지가 작성되었는지 확인할 수 있다.

　〈교사 B의 교육 일지: 2019.08.05. 실습 5일 차〉
　오전 9시부터 12시까지 수업을 진행하는 동안 비디오로 녹화를 하였고, 수업이 끝난 후 경력 교원 선생님들과 동료 선생님들께 피드백을 받았다. 내일 수업 교안을 준비한 후에는 이번 주 금요일에 있을 문화 수업을 준비하기 위해 알마티 ○○○ 문화원을 방문하였다.
　같은 교재로 진도를 나가는 중급 A반 선생님과 함께 간단하게 수업 내용을 확인하였다. 중급 A반은 지난 시간 '제시' 단계에서 시간을 너무 많이 할애했다고 말하면서 내일 수업은 각 단계의 시간 배분에 신경을 쓰며 진행할 것이라고 하였다. 나는 수업 시간 분배에는 문제가 없지만, 준비한 역할극 활동을 적극적으로 참여하지 않는 몇몇 소극적인 학생들에 대해 이야기하면서 어떻게 하면 참여도 높은 활동을 기획할 수 있을지 고민해 보았다.

녹화된 비디오를 선생님들과 함께 보면서 피드백을 받았는데, 수업에 대한 학습자의 흥미를 끌기 위해 준비한 활동들이 좋은 아이디어 같다는 칭찬을 받았다.

일지 분석은 Bailey(1983:170)의 일지 분석 단계를 따라 수행하였다. 본고는 연구 참여자의 중요한 경향을 찾으며 정보로서 기록된 사항을 연구하였고, 언어 학습 경험에 있어 중요하다고 확인된 요소들을 논의하였다.(Bailey, 1983:170). 그리하여 총 19회 분량의 교사 A, B의 일지를 모두 읽은 후 10회 이상 반복적으로 나오는 긍정적인 자기 평가 항목, 부정적인 자기 평가 항목, 그리고 학습자(학급) 평가를 정리하였고, 이는 아래와 같은 표(〈표4〉, 〈표5〉 참조)로 나타낼 수 있다.

교사 A와 B의 긍정적인 자기 평가 항목을 살펴보면, 교사 A는 학습자들이 단어 시험을 보게 함으로써 어휘력 증진에 노력했다는 점, 정갈한 판서로 한국어 문법을 정리하였다는 점, 그리고 대화문 이해를 돕기 위해 러시아어가 번역된 자료를 배부하였다는 점이 특징이다. 반면, 교사 B는 학습자의 흥미를 이끌어 내기 위한 도입부 준비, 대화문을 활용한 의미 제시, 다양한 아이디어를 활용한 활동 진행을 장점으로 뽑았다.

질문 1

위에 제시된 연구의 연구 주제와 연구 방법, 연구 내용을 아래 표에 정리해 보자.

연구 주제	
연구 방법	
연구 내용	

질문 2

위의 연구 주제를 양적 연구의 방법을 이용해 연구한다면, 어떻게 연구할 수 있을지 아래의 표를 활용해 연구 계획을 세워 보자.

연구 방법	
연구 내용	
예측되는 연구 결과	

2) 양적 연구의 표현 방식

질문 1

아래의 예시는 양적 연구의 결과를 나타낸 표와 결과를 설명한 부분이다. 제시된 연구 결과에 대한 평균값 표를 보고, 이 표에 대한 설명과 분석 부분의 빈칸을 채워 보자.

〈표 18〉 운율구 구성 단어 수의 평균값

피험자	성별	운율구 분류	평균	표준편차
인도네시아인	남성	AP	1.17	.538
		IP	2.38	1.829
	여성	AP	1.26	.683
		IP	2.22	1.633
한국인	남성	AP	1.25	.588
		IP	3.58	1.586
	여성	AP	1.31	.554
		IP	4.35	2.328

　　성별을 고려한, _____의 구성 단어 수를 살펴보면, 평균값 상으로 인도네시아인 한국어 학습자는 AP(Accent Phrase, 액센트 구)의 경우, 여성이 ____개의 단어를 _____하였으며, IP(Intonational Phrase, 억양구)는 이 0.16개의 단어를 _____다. 한국인은 AP와 IP 모두 _____이/가 운율구 내에서 실현한 단어 수가 인도네시아인 한국어 학습자보다 _____다. 실제로 이러한 차이는 $F=4.124$, $p<.043$로 통계적으로 유의미한 차이가 있는 것으로 나타났다. 위의 〈표18〉의 결과로 볼 때, 인도네시아인 한국어 학습자는 한국어를 발화할 때, 한국인보다 _____

질문 2

지금까지의 예시와 부록의 예시를 참고하여 질적 연구와 양적 연구에서 주로 쓰이는 표현을 예시와 함께 아래 표에 정리해 보자.

표현	표현 예시	어떨 때 쓰는가?

4. 해 보기

앞에서 작성한 자신의 연구 계획서를 다시 살펴 보고 아래의 질문에 답해 보자.

질문 1

자신이 선택한 연구 방법이 질적 연구 방법인가? 양적 연구 방법인가?

질문 2

자신의 연구 주제에 더 알맞은 연구 방법이 있는가? 있다면 앞서 작성한 연구 계획서를 아래 표를 이용해 다시 다듬어 보자.

연구 계획서	
연구 주제	
연구 방법	
연구 내용	
예측되는 연구 결과	

5장
글의 얼굴, 서론 설계하기

Point
1. 서론의 구성 방식을 안다.
2. 서론에 주로 쓰이는 표현 방식을 안다.

1. 들어가기

다음은 어떤 논문의 시작을 보여주는 예시이다. [예1]과 [예2]에서 많이 나오는 말을 두 개씩 찾고, 그 특징을 말해 보자.

> **예1**
> <u>본고에서는</u> 한국에 거주하는 이민자가 이중언어 구사자로서의 삶을 유지하는 데 영향을 미치는 사회적 변인이 무엇인지 <u>파악하고자 한다</u>. 특히 이중언어 사용 경험이 그들의 한국 사회 적응과 인식 변화 및 언어 전승 의지에 주는 영향력을 <u>살필 것이다</u>. 이를 통해 이민자가 다언어를 유지하거나 자녀에게 전승하는 데 사회 구성원의 인식과 사회 환경이 <u>큰 영향을 끼친다는 점을 확인할 것이다</u>.

✏️ 생각거리 찾기

> **예2**
> <u>본 연구의 목적은</u> 학부 유학생의 글쓰기와 말하기 수행 과정에서 나타난 표현 전략 사용 양상을 종합적으로 <u>검토하는 데 있다</u>. 이를 위해 <u>본고는</u> 글쓰기와 말하기를 수행하는 학부 유학생들의 표현 전략 사용 여부와, 쓰기와 말하기에 따라 학습자들이 달리 선택하

고 있는 전략을 사용 양상별로 대비할 것이다. 더불어, 전략의 역기능이나 전략 부재로 인해 생성되는 오류를 확인함으로써, 학문 목적 한국어 표현교육을 위한 시사점을 제언하고자 한다.

'시작이 반'이라는 말이 있다. 글에서도 서론을 쓰면 글의 50%는 쓴 셈이다. 그러나 시작하는 것은 만만한 일이 아니다. 특히 한국어로 논문을 시작하기란 모든 유학생들이 고민하는 내용이다. 그럼에도 불구하고 시작이 어려운 유학생들에게 알려 줄 '좋은 정보'가 있다. 어떤 글에서든 시작에서 자주 쓰는 흔한 표현이 있는데, 그것은 글의 종류에 따라 다르다. 그러므로 대표적인 표현만 알아두면 글쓰기가 쉬워진다. 다행히 '논문'에도 시작할 때 쓰는 '흔한 표현들'이 있다.

우선 위의 글에서 '서론에 쓰이는 흔한 표현'이 보이는가? 그런 표현을 두 가지만 찾아보자. 그리고 서론의 표현에 어떤 특징이 있는지 함께 말해 보자.

(확인) 〈서론에서 자주 쓰는 한국어 표현〉

첫째, _____

둘째, _____

→ 특징) _____

　　　예시: 미래형 '-ㄹ 것'으로 표현한다

2. 알아보기

'좋은 서론'과 '나쁜 서론'이 있을까? 그것을 판단하는 기준은 무엇일까? 서론의 예시를 분석해 보고, 좋은 서론의 조건과 표현 방식을 알아보자.

> **1단계** 문장의 오류 찾기

다음은 유학생이 쓴 글 가운데 서론에서 가져온 예이다. 오류가 있다면 찾아보자.

예 ① 나는 사람들이 발표를 어려워하는 이유를 정리하기 위해 방안을 연구한다.

예 ② 이러한 학습자의 특징은 스스로 공부하려는 성취 동기가 매우 크다.

예 ③ 가치 소비란 소비자가 본인이 가치를 부여하는 제품에 대해서는 과감하게 소비하되, 그렇지 않은 제품에 대해서는 저렴하고 실속 있는 제품을 선호하는 특성에 따라, 소비자가 광고나 브랜드 이미지에 휘둘리지 않고 본인의 가치 판단을 토대로 제품을 구매하는 합리적인 소비 방식을 뜻한다.

🔍 오류 찾기

1) 논문에서 주인공은 사람이 아니라 글이다. 예 1)에서 '나는'은 '이 연구는, 이 연구에서는'으로 고쳐 준다.

2) 머리와 꼬리는 같아야 한다. 토끼 얼굴에 소의 꼬리는 곤란하다. 예 2)는 글쓰기에서 유학생들이 많이 하는 실수이다. 주어가 '특징은'으로 명사라면, 서술어도 '크다는 것이다'의 명사구로 마무리되어야 한다. 명사 또는 '-(으)ㄴ/는 것은'으로 시작되었다면 '-(으)ㄴ/는 것이다'로 마친다. '것' 대신에 '점, 사실' 등도 쓸 수 있다.

3) 첫 문장을 짧게 쓰자. 첫 문장이 짧을수록, 상대방이 내 글을 끝까지 읽어줄 확률은 올라간다. 자신도 모르는 말을 할 때가 있다. 보통 할 말이나 생각이 정리되지 않을 때 그러한데, 그런 생각을 글로 쓰면 결국 문장도 길어진다. 자신도 모르는 말을 이해할 다른 사람은 없다. 예 3)은 네 줄에 걸친 긴 문장이다. 한 줄 또는 한 줄 반 정도를 쓰고 문장을 마무리하자. 이어지는 내용은 '그리고, 그래서, 그런데' 등으로 이어서 계속 써 주면 된다.

고쳐 보기

예1) 나는 사람들이 발표를 어려워하는 이유를 정리하기 위해 방안을 연구한다.

➜ _____

예2) 이러한 학습자의 특징은 스스로 공부하려는 성취 동기가 매우 크다.

➜ _____

예3) 가치 소비란 소비자가 본인이 가치를 부여하는 제품에 대해서는 과감하게 소비하되, 그렇지 않은 제품에 대해서는 저렴하고 실속 있는 제품을 선호하는 특성에 따라, 소비자가 광고나 브랜드 이미지에 휘둘리지 않고 본인의 가치 판단을 토대로 제품을 구매하는 합리적인 소비 방식을 뜻한다.

➜ _____

2단계 ▶ 문단의 오류 찾기

문장이 모여서 문단이 된다. 한 문단은 보통 3~6개의 문장이 모여서 이루어진다. 문장이 연결될 때 주의할 점은 무엇일까? 특히 서론 문단일 때 알고 있어야 할 것은 무엇일까? 다음은 유학생이 쓴 서론 한 문단이다. 다음 문단에서 부족한 점을 찾아 고쳐 보자.

예시

① 이 글은 중국인 학습자의 한국어 불안과 한국어 숙달도의 상관관계를 알아보기 위해서 쓴 것이다. ② 우리는 설문 조사에서 중국인 학습자의 한국어 불안에 대해 알아보고 싶었다. ③ 특히 언어교육에서 언어 불안이 어떤 영향을 주는지 확인한다. ④ 이 연구를 마치면 중국인 학습자의 한국어 불안과 한국어 숙달도의 상관관계를 증명할 수 있다. ⑤ 그리고 설문조사와 통계 처리 방법으로 연구를 준비했다.

🔍 오류 찾기

1) 독자는 보통 앞으로 나올 내용을 예측하면서 읽는다. 그 흐름이 경험한 것과 유사하면 이해하기도 쉽다. 앞에서 서론은 보통 '목적 → 내용 → 방법 → 기대되는 결과 → 시사점'의 순서로 이어진다고 했다. 먼저 자신의 생각을 정리하고, 일반적으로 서론에서 말하는 방식대로 써 가자. 예측할 수 있게 해 주면 독자도 글 읽기가 쉬워진다.

위의 [예시]는 이러한 사고의 흐름을 따르지 않았다. 쓰는 사람은 다 아는 내용이겠지만, 읽는 사람으로서 이런 글은 무슨 말을 하려는지 알 수 없는 내용이 된다. 기차 1호칸, 2호칸, 3호칸처럼, <u>문장은 순서대로 연결되어야 한다.</u> 기차 칸이 번호와 관계없이 연결되어 있으면 사람들이 순서를 예측할 수 없어서 큰 혼란이 온다.

2) <u>글은 말을 글자로 쓴 것이 아니다.</u> 말은 말이고 글은 글이다. 말을 하는 것처럼 글을 쓸 수 없다. 한국말에는 글을 쓰는 데 자주 활용되는 특별한 표현들이 있다. '본고에서는, 이 글의 목적은, 이를 위해, 이를 통해, 이로써' 등과 같이 논문에서 늘 쓰이는 표현을 익혀서 써 보자. 글의 수준이 한결 높아질 것이다.

3) 기차와 기차를 연결하는 고리처럼 글에도 고리가 있다. '그리고, 그러므로, 그런데, 그러나, 한편, 또한, 더불어, 아울러, 특히, 무엇보다도' 등을 잘 써서 문장과 문장의 관계를 보여줘야 한다. 문장과 문장의 연결 관계를 파악하는 부담을 독자가 질 수는 없다. 그것은 필자의 의무다.

3단계 › 서론 문단의 특징 찾기

🔍 서론의 특징 찾기

1) 주어 + 서술어 구조

글을 쓸 때 주어로 시작하여 서술어로 맺는 습관은 소통력을 높이는 데 크게 도움이 된다. 그런데 논문에서는 위 예의 ②와 같이 주어로 '나는, 우리는'처럼 사람을 쓰지 않는다. '본고에서는, 이 연구에서는, 이 연구는' 등과 같이 글을 주어로 둔다.

문장에는 주어와, 그 주어에 맞는 서술어가 반드시 있다. 위 예의 ⑤는 주어가 없는 문장이다. 주어를 넣어 시작하는 문장으로 고쳐 보면, '연구 방법은 (…)이다'와 같이 된다.

2) 의지를 말하는 '미래형 서술어'

서론은 앞으로 일어날 내용을 소개하는 곳이다. 그러므로 글을 쓰는 사람이 앞으로 할 일에 대해서 의지를 보여주어야 한다. 위 예에서 ②, ③, ⑤는 모두 과거형으로 표현되었다. 그러나 논문의 서론은 이러한 과정을 처음 보여주는 곳이므로 '-고자 한다, -려고 한다.'와 같은 표현이 잘 맞는다. 또한 본론과 결론에서 볼 사실을 소개하므로 '-을 것이다'를 활용하여 미래형으로 많이 쓴다.

3) 문장을 잘 연결해 주는 말

글을 쓰는 사람은 자기가 할 말을 알고 있다. 그러나 글을 보는 사람은 글을 읽어가면서 내용을 이해하기 시작한다. 그러므로 글을 쓰는 사람이 혼자 가면 안 된다. 글을 볼 사람의 손을 잡고 한 계단 한 계단 같이 올라가야 한다.

문장과 문장의 관계를 연결하는 말이 그 일을 해 준다. 예를 들면, '그리고, 그러므로, 그런데, 그러나, 한편, 또한' 등과 같은 말이 있다. '특히, 무엇보다도'와 같은 말로 강조할 수도 있다. '이를 위해, 이를 통해, 이로써, 더불어' 등도 이 기회에 배워 두면 수준 높은 글을 쓰는 데 유용하다.

4) 서론 문장의 순서와 흐름

서론은 보통 '목적 → 내용 → 방법 → 기대되는 결과 → 시사점'의 순서로 이어진다. 서론은 글을 볼 사람에게 필요한 정보를 담아서 주는 안내문과 같다. 안내문에서 중요한 것은 핵심 정보, 강조점을 먼저 보여주는 것이다.

잠시 버스를 기다리는 마음이 되어 보자. 저 멀리서 버스가 온다면 나는 무엇을 보고 버스를 탈 것인가? 내가 갈 곳, 도착점이 어디에 씌어 있으면 잘 보일까? 물론 버스의 앞면이다. 대부분의 버스는 앞 유리창에 번호와 목적지를 크게 적어서 다닌다. 논문이라는 여행의 시작을 해 보려는 사람의 마음도 똑같다. 가장 앞에 글의 목적지를 써 준다. 그리고 목적지의 도착하는 이유와 방법을 써 주고, 결과를 같이 기대하게 한다면 사람들이 더 쉽게 이해하지 않겠는가? 논문은 결론이 비밀인 드라마가 아니라, 어차피 결과를 예상하고 보는 뉴스이다.

고쳐 보기

① 이 글은 중국인 학습자의 한국어 불안과 한국어 숙달도의 상관관계를 알아보기 위해서 쓴 것이다. ② 우리는 설문 조사에서 중국인 학습자의 한국어 불안에 대해 알아보고 싶었다. ③ 특히 언어교육에서 언어 불안이 어떤 영향을 주는지 확인한다. ④ 이 연구를 마치면 중국인 학습자의 한국어 불안과 한국어 숙달도의 상관관계를 증명할 수 있다. ⑤ 그리고 설문 조사와 통계 처리 방법으로 연구를 준비했다.

[1] 위 문장 ①~⑤을 생각의 흐름대로 순서를 다시 정해 보자.

➡ _____

[2] 위 문장 ①~⑤에서 입말 표현으로 어떤 것이 있는가? 2개만 찾아서 고쳐 보자.

※ (예)에서 본 글말 표현을 찾아서 쓸 것.

➡ _____ → _____

➡ _____ → _____

[3] 위 [1]에서 정한 순서와 [2]에서 고친 표현으로 문장을 다시 써 보자.

※ 이때 연결어를 3개 이상 넣어 볼 것.

→ _____
_____
_____
_____

확인

(1) 서론에서 문장을 쓸 때, 주의할 점으로 생각나는 것은 무엇인가? 왜 그것을 기억하는가?
_____

(2) 서론에서 문단을 쓸 때, 주의할 점으로 생각나는 것은 무엇인가? 앞으로 어떤 점을 적용하고 싶은가?
_____

3. 배우기

1) 서론의 기능과 구성

서론은 왜 있을까? 사람들은 보통 서론에 어떤 이야기를 쓸까? 서론은 논문의 시작 부분이다. 시작 부분에서 꼭 알려야 할 것은 연구의 목적, 연구를 시작한 배경과 동기,

그리고 필요성을 강조하는 것이다. 버스를 탈 이유가 없는 사람은 버스를 타지 않는다. 만약 버스에 사람을 많이 태워야 한다면 어떻게 해야 할까? 우선 사람들을 버스에 태울 이유를 찾고 그 필요성을 강조해야 한다. 다음은 서론에 꼭 들어가야 할 내용이다.

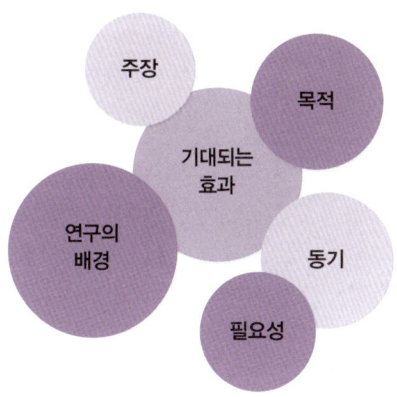

그러면 이러한 내용을 어떻게 담아야 할까? 일반적으로 목적, 배경과 동기, 필요성, 예상 효과 순으로 제시한다. 이 내용을 순서대로 배치하여 다음과 같이 구조도를 만들어 보자.

2) 서론을 쓰기 위해 필요한 표현들

지금 우리는 문단 4개로 된 서론을 준비하고 있다. 보통 4±1개(3~5개)의 문장이 하나의 문단이 될 것이다. 이때 한국어 쓰기에서 자주 쓰이는 상용표현이 있다. 다음 내용을 쓰려면 어떤 문법과 표현이 필요할까?

제1 문단	목적	① 이 연구의 목적은 (…) 하는 데 있다. 이 연구에서는 (…) 하고자 한다.
제2 문단	배경, 동기	② 이 연구의 배경은 바로 (…) –(으)ㄴ/는 데 있다.
제3 문단	필요성, 주장	③ 따라서 본 연구에서는 (…)를 강조하고자 한다.
제4 문단	기대 효과	④ 이로써 (…) 를 기대할 수 있을 것이다. 나아가 이 연구는 (…)에 기여할 것이다. (…) 하게 된다는 점에서 의의가 있다. 이러한 시도는 (…) –(으)ㄴ/는 데 매우 유용하다.

예문 보기

다음 예문에서 서론에서 자주 쓰는 표현을 찾아서 밑줄로 표시하라. 그리고 밑줄 친 부분이 어떤 기능을 하는지, 밑줄 아래 간단하게 써 보라.

예시

<u>본 연구의 목적은</u> 중국인 학습자의 한국어 불안 요인을 분석함으로써 한국어 숙 (목적 제시)
달도를 <u>향상시키려는 데 있다.</u> 이를 위해 양적인 방법과 질적인 방법으로 중국인 학습자의 한국어 불안을 유발하는 요인을 분석하고자 한다. 그리고 SSPS 22.0 통계프로그램을 통해 중국인 학습자의 한국어 불안 및 한국어 숙달도 간의 관계를 알아보고자 한다. 이를 통해 중국인 학습자들의 한국어 불안을 완화할 수 있는 유용한 기초 자료를 제공할 것이다.

〈중국인 학습자의 한국어 불안과 한국어 숙달도의 상관관계 연구〉, 조천미(2021) 중에서

> 확인
>
> (1) 논문의 문장을 쓸 때 주의할 점이 무엇인가? 하나씩 말해 보라.
> _____
>
> (2) 서론에서 쓸 다음 동사를 미래형이나 의지 표현형으로 써 보라.
> _____
>
>   예) 살펴보다 → _____
>
>   확인하다 → _____
>
>   알아보다 → _____
>
> (3) 서론에서 많이 쓰는 한국어 글말 표현을 배웠다. 그중에서 무엇을 기억하고 있는가? 3개 이상 써 보라.
> _____
> _____
> _____

4. 해 보기

다음 순서에 따라 서론 한 문단을 작성해 보자.

1) 주제 선정 및 주제문 쓰기

우선 자신이 관심 있는 주제를 선택해 보자. 그리고 주장하고 싶은 내용으로 문장을 하나 만들어서 써 보라.

→ _____

2) 연구의 동기와 배경, 필요성 쓰기

그다음으로 주제를 선택한 동기와 배경을 서론의 주요 표현을 이용하여 써 보라.

➜ _____

_____

3) 연구의 내용과 방법을 소개하기

연구 주제를 알아보기 위해 꼭 살펴야 할 내용은 무엇일까? 그 내용을 증명할 방법으로 무엇이 있을까? 연구 내용과 방법을 포함한 문장을 2~3개 정도 써 보라.

➜ _____

_____

4) 서론을 이어진 두 문단으로 완성하기

이제 지금까지 준비된 내용을 모두 활용하여, 서론을 두 문단으로 완성해 보자. 다음은 '두 문단으로 된 서론'에서 주로 쓰이는 예시 표현이다.

> **서론 문단의 예시**
>
> 제1 문단: 이 연구의 목적은 (…) -(으)ㄴ/는 데 있다. 이를 위해 먼저 (…)을/를 검토할 것이다. 이를 통해 (…)을/를 구체적으로 살필 것이다.
>
> 제2 문단: 지금까지 대부분의 연구는 (…)을/를 중심으로 연구해 왔다. 그런데 (…)의 중요성이 더 커졌다. 이에 이 연구는 (…) (이)라는 점에서 의미가 있다. 이는 나아가 (…)에 기여할 것이다.

> **확인** 두 문단으로 된 서론 완성하기

주제문: _____

이 연구의 목적은 _____

_____

_____

지금까지 _____에 대한 연구는 _____

_____

_____

_____

_____

_____에 기여할 것이다.

6장
내 연구의 가치를 말하는 서론 쓰기

Point
1. 논문에서 선행 연구의 중요성을 알고 선행 연구를 정리할 수 있다.
2. 선행 연구 정리에 쓰이는 표현 방식과 구조를 알고, 선행 연구를 정리할 수 있다.
3. 선행 연구를 비판적 관점으로 보고, 비평하는 표현을 사용하여 선행 연구를 구조화할 수 있다.

1. 들어가기

논문의 목차를 보면 선행 연구를 소개하거나 분석한 부분이 있다. 논문에서 선행 연구는 왜 필요할까? 선행 연구를 어떻게 쓰면 "잘 썼다."라는 말을 들을 수 있을까?

다음 예는 외국인 유학생이 작성한 석사학위 논문에서 목차를 보여주는 부분이다. 각 예시에서 선행 연구 검토의 위치를 확인하고, 본문의 목차를 보면서 선행 연구에 들어갈 내용이 무엇일지 추측해 보라.

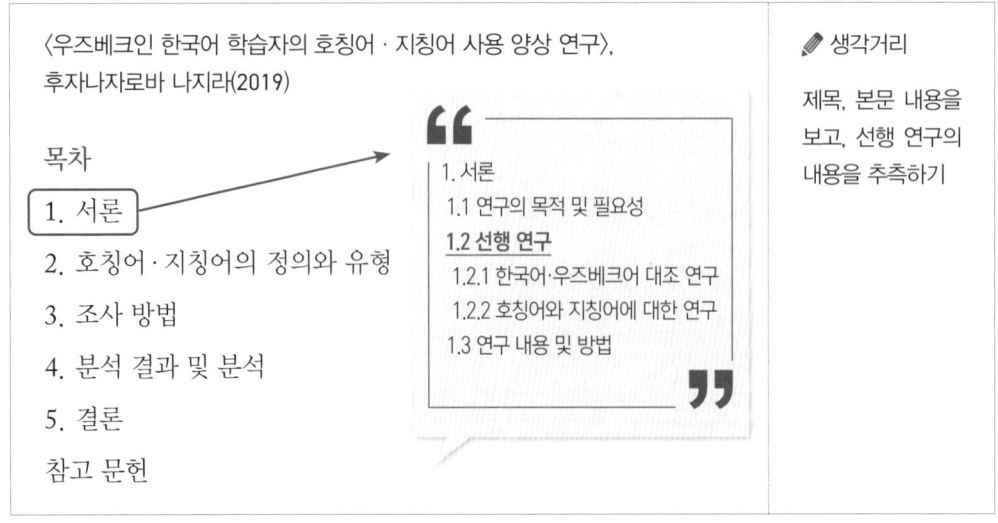

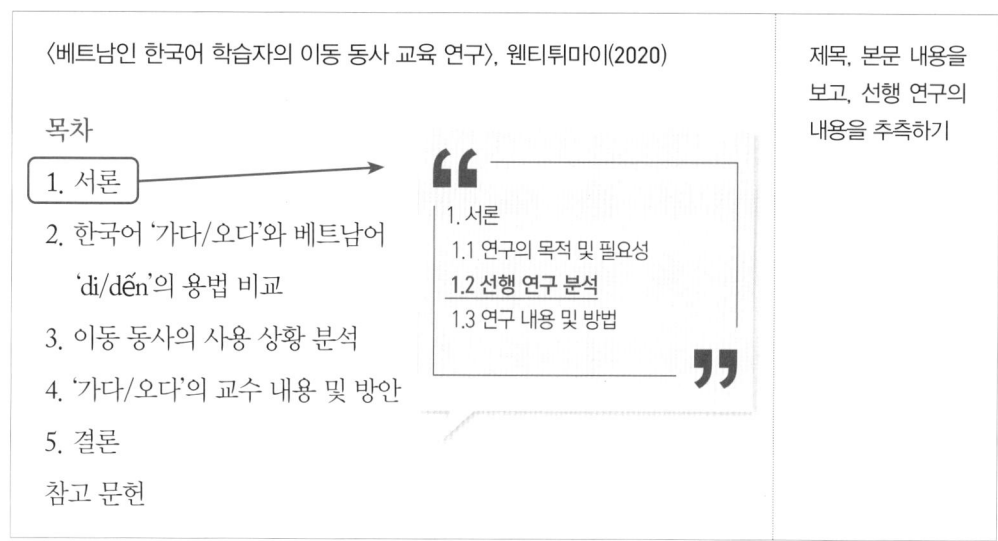

연구란 어떤 일이나 사물에 대해 깊이 있게 조사하고 생각하여 진리를 따져 보는 일이다. 무언가를 깊게 살피거나 판단하려면 근거가 충분해야 한다. 일반적으로 연구에 필요한 근거란 충분한 양의 조사 자료, 객관적인 사실, 증명된 실험 결과 등이 있다.

그런데 연구자가 연구를 시작하기 전에 매번 이런 대규모 조사와 정밀한 실험 등을 모두 수행할 수 있을까? 논문을 연역적으로 이끌어 가는 데 기본이 될 검증된 이론은 어디에서 찾아올 수 있을까? 바로 선행 연구에 이러한 내용이 모두 담겨 있다.

한 학문분야에서 연구를 하는 사람은 그 학문분야에서 먼저 나온 연구 성과를 깊게 생각하고 살펴봐야 한다. 선행 연구를 검토해야 하는 이유는 다음과 같다. 첫째, 같은 주제에 관하여 다른 사람이 먼저 연구해 놓은 성과 의의를 인정해야 한다. 그 결과가 있기 때문에 나중에 연구하는 사람들이 공부할 수 있는 것이다. 무엇보다도 자신이 쓴 논문을 읽을 사람은 바로 그 학문분야에서 선행 연구자들이라는 점을 기억하자. 또한, 관심 분야가 있다고 해서 무턱대고 연구를 시작하다가 보면 이전에 나온 연구와 같은 결과를 반복하게 되어, 고생하여 얻은 연구 결과가 학문적으로 가치를 인정받지 못할 수도 있다.

둘째, 선행 연구를 검토하면서 이전 연구자들이 미처 해결하지 못한 문제가 있는지 찾아봐야 한다. 선행 연구를 자신의 논문에 포함시키는 이유는 그 내용을 단순하게 정리하거나 요약해서 독자들에게 보여주기 위해서가 아니다. 자신의 논문 방향을 정하고 초점을 확인하기 위해 문제점을 알아보기 위해서이다. 그러려면 선행 연구를 비판적으로 보는 눈이 필요하다. '그래서 어떤 결과가 있었지?', '그 과정에서 놓친 것은 없는지?', '내가 연구하려는 것과 목적, 내용, 방법 중에서 하나라도 다른 점은 무엇이지?' 등을 생각하면서 보고, 분석하고 평가한 내용을 선행 연구에 포함하여 기술해야 한다.

2. 알아보기

선행 연구는 어떻게 정리하면 될까? 선행 연구를 정리하고 나서 무엇을 더 찾아봐야 할까? 지금부터 선행 연구의 기술 방식을 알아보자. 먼저, 선행 연구 기술에 대한 좋은 기술 방식이 어떤 것인지 알아보자. 그리고 좋은 선행 연구 문단을 쓰기 위한 기술 조건을 배워 보자.

1단계 나열형 기술 방식의 문제점 찾기

나열형은 선행 연구를 처음 쓰는 연구자가 흔히 선택하는 기술 방법이다. 다음 예시에서 (A)~(F)를 중심으로 살펴보고 함께 이야기해 보자.

> **예 1 나열형**
>
> 교사 말에 대한 선행 연구로 지금까지 다음과 같은 것이 있다.
> 김민수(2013)는(A) 한국어 교사가 수업 중에 사용하는 외국인 말씨를 의사소통의 언어 유형별로 살폈다. 그리고 각 유형이 어떤 기능을 하는지(B) 알아보았다.
> 이민아(2015)는(C) 학습자에게 영향을 주는 교사 발화의 중요성을 확인하였다. 또한 교사말의 메타언어적 기능이 있다는 것도 확인하였다.
> 박수호(2017)은(D) 한국어 교육을 대상으로 외국어 말씨의 특징이 무엇인지를 살폈다.(E) 그리고 그 교육적 효용성을 강조하였다.(F)

🔍 '나열형 제시'의 문제점

1) 선행 연구라고 하면 흔히 앞에 나온 연구를 하나하나 요약하고 정리해서 보여주는 방식이라고 생각한다. 그런데 이것은 오해다. 선행 연구는 단순히 연구를 정리하여 보여주는 것이 아니다. 위 (A)와 같이 연구자가 일일이 제시하지 않더라도, 필요하다면 독자들이 직접 해당 논문을 찾아서 볼 수 있다. 특히 (A)와 같이 필자가 문제점을 찾아보는 데 별로 도움이 되지 않는다.

2) 개별 연구 하나하나를 나열하며 쓰는 것은 선행 연구의 좋은 기술법이 아니다. 위 (A), (C), (D)와 같이 연구 성과를 나열하는 것은 '선행 연구 검토'라는 본래 의미와 크게 다르다. 우선, 각각 논문 하나로 시작하는 문단의 나열은 독자가 선행 연구의 흐름을 이해하는 데 도움이 되지 않는다. 또한, 단순하게 나열된 내용은 논리성을 보여주지 않아 필자가 연구 문제를 찾는 데 기여하지 않는다. 무엇보다도 다른 사람의 문장으로 자신의 논문을 채워간다는 것은 연구 윤리상으로 문제가 되며, 결과적으로 논문의 표절률을 전반적으로 높인다.

3) 선행 연구에서 정리할 것은 연구의 과정이나 전반적인 내용이 아니다. 오히려 선행 연구들이 보여준 연구 성과가 무엇인지, 그것이 얼마나 가치가 있는지를 살펴야 한다. 위 (B), (E), (F)를 보면 선행 연구가 살핀 주제 범위를 제시하거나 특징이 있었다는 점을 보여주는 정도에 그치고 있다. 말 그대로 그 기능이 '어떤 것'인지, 특징이 '무엇'인지 등 핵심을 정리하지 못했다. (F)에서도 강조할 교육적 효용성이 무엇인지, 기술한 내용이 보여주지 못하였다.

4) 선행 연구를 기술하는 좋은 방법은 우선, 의미 있는 연구 결과를 보여주고, 다음으로 그 연구가 어떤 의미가 있는지를 제시하는 것이다. 선행 연구가 해결하지 못한 문제를 찾았다면 더할 나위가 없다. 선행 연구의 의의와 문제점을 알아야 자신의 연구를 진행하는 방향을 정할 수 있기 때문이다. 따라서 선행 연구를 검토하기 위해서는 이를 비판적으로 보는 관점이 필요하다.

> [확인] **다음 [문제]를 고쳐 보자.**

(예) 김민수(2013)는 한국어 교사가 수업 중에 사용하는 외국인 말씨를 의사소통의 언어 유형별로 살폈다. 그리고 각 유형이 어떤 기능을 하는지 알아보았다.

수정의 예: 김민수(2013)에서는 한국어 교사가 수업 중에 사용하는 외국인 말씨를 의사소통의 언어 유형별로 살폈다. 그리고 각 유형으로 (   ), (   ), (   ) 세 가지가 있다는 것을 밝혔다. 이는 기존 연구에서 미처 주목하지 못한 사실을 증명한 연구이다. 그럼에도 불구하고 이 연구에서는 학습자의 수준별로 외국인 말씨가 유형이 다를 수 있다는 것에 관심을 가지지 않은 면이 있다.

[문제]

박수호(2017)는 영어 교육을 대상으로 외국어 말씨의 특징이 무엇인지를 살폈다. 그리고 그 교육적 효용성을 강조하였다.

➜ _____
_____
_____
_____

2단계 유형별 기술에서 특징 찾기

선행 연구를 유형에 따라 정리하여 제시하면 연구의 흐름을 살피는 데 도움이 된다. 다음 예시에서 (A)~(F)를 중심으로 살펴보고 함께 이야기해 보자.

> **예 2** 유형별 제시형
>
> 　한국어 교재의 학습활동에 주목한 연구를 정리하면 다음과 같이 크게 세 가지로 나뉜다.(A) 첫째,(B) 학습활동을 언어 기능별로 살핀 연구들이 있다. 말하기와 듣기 활동에 대한 조항록(1993), 읽기와 쓰기 활동을 분석한 김정숙(1996, 1999), 어휘와 문법 학습을 위한 활동 유형을 제시한 이해영(2006) 등이 그것이다.(C) 둘째,(D) 언어 사용 및 언어능력 향상과 교재 활동의 적합성을 논한 연구가 있다. 이해영(2001b), 김상수(2007) 등이 이에 해당한다.(E) 셋째,(F) 학습활동에 대한 통시적 연구가 있다. 신현숙(2006), 박건숙(2006), 고예진(2014) 등이 이에 해당한다. (하략)
>
> 　　　　　　　　　　　　　　　　　　　　　　　　　　이미향(2017:258~259)

🔍 '유형별 제시'의 특징

1) 선행 연구를 검토할 때는 현재까지 나온 선행 연구가 어느 정도로 있는지, 그것은 주로 어디에 초점을 두었는지 전체적으로 살필 수 있어야 한다. 그러므로 첫 문장은 전체적 성과를 보여줄 수 있는 일반적인 내용으로 적는 것이 좋다. 위 (A)에서는 구체적으로 몇 가지 유형을 이야기할 것인지 연역적으로 설명해 주고 있다.

2) 연구자는 우선 비슷한 선행 연구끼리 묶어서, 그 유형의 특징을 한 문장으로 제시해 주도록 한다. 위 (B), (D), (F)와 같이 '첫째, 둘째, 셋째' 등의 표지를 사용하면 연구자가 정리한 유형이 잘 보인다. '우선, 먼저, 그다음으로, 또한, 마지막으로' 등의 표지도 많이 쓰인다. 유형별 특징을 이해하고, 그 첫 문장을 연구자의 목소리로 제시하도록 써 보자.

3) 선행 연구는 특징이 비슷한 것끼리 묶어서 제시할 수 있다. 선행 연구를 하나하나 나열하지 말고, 위 (C), (F)와 같은 표현으로 내용을 정리하여 보여주는 것이다. 한 유형 안에서 선행 연구가 여러 개일때는 일반적으로 시간 순서대로 배열한다. 그중에서 특별히 주목할 부분이 있다면, 그 내용을 중심으로 한두 예를 자세히 더 논할 수 있다.

> **확인**
>
> [예 1] 나열형과 [예 2] 유형별 제시형의 차이점을 3가지 이상 찾아서 써 보라. 그리고 이 두 가지가 논문 전체를 기술할 때 어떻게 다르게 작용할 것인지 말해 보자.
>
> ➜ _____
>
> _____
>
> _____

3. 배우기

논문에서 선행 연구를 정리할 때는 인용을 하게 되는 경우가 많다. 인용을 할 때는 자신이 주장하는 말을 '인용을 한 부분'과 명확히 구별하여 적어야 한다. 그렇지 않으면 표절이 될 수 있다.

인용과 표절은 엄연히 다르다. 표절이란 남의 글을 몰래 갖다 쓴 것을 말한다. 출처를 밝히지 않고서 6단어 이상의 표현이 순서도 동일하게 쓰일 때 주로 표절이라고 한다. 남의 글뿐만 아니라 자신이 이전에 쓴 글을 출처를 밝히지 않고 그대로 가져와 쓸 때도 표절이 된다. 비록 자신이 쓴 문장이라고 해도 이전 연구 성과로 인정을 이미 받은 것이라면 새 글에 그대로 들어갈 수 없다. '자기 표절'이 되지 않도록 출처를 밝혀야 한다. 표절률이 높으면 연구 윤리상 문제가 되어 학위를 받을 수 없거나, 학위를 받은 후에도 취소당할 수 있으므로 연구자로서 주의해야 한다.

🔍 선행 연구를 소개할 때

선행 연구를 소개할 때 주로 쓰이는 표현으로는 '에서는, 에서 밝힌 바와 같이, -(이)

라고 논하였다, 을/를 확인한 것이다, 을/를 살핀 것이다, −(이)라고 정의하였다' 등이 있다.

예❶ 홍길동(2022:11~12)에서 밝힌 바와 같이, (⋯)
예❷ 홍길동(2022:11)에서는 (⋯) −ㄴ/은다고 논하였다.
예❸ 홍길동(2022:11)은 (⋯) 을/를 확인한 것이다.
예❹ 홍길동(2022:11)은 (⋯) 을/를 살핀 것이다.
예❺ 홍길동(2022:11)은 (⋯) 에 대해 살폈다.
예❻ 홍길동(2022:11)에서는 (⋯) −(이)라고 정의하였다.

🔍 선행 연구의 내용을 본문에서 인용하거나 각주를 달 때

인용하기에 주로 쓰이는 표현으로는 '−에 따르면, −에서는, −다고 나타났다, −라고 주장했다, −라고 정의하였다, −의 견해를 정리하면 다음과 같다' 등이 있다.

예❼ 홍길동(2022:11)에 따르면, (⋯)
예❽ 홍길동(2022:11~12)에서 밝힌 바와 같이, (⋯)
예❾ 홍길동(2022:11~12)에서는 (⋯)에 대해
예❿ 홍길동(2022:11)의 연구 내용을 구체적으로 살피면 다음과 같다.

확인

최근에 읽은 논문 2편을 선택하여, 선행 연구를 소개하는 문단(문장 2~3개)을 직접 써 보자.

(1) 논문 제목, 저자(연도): _____

소개: _____

(2) 논문 제목, 저자(연도): _____

　소개: _____

4. 해 보기

🔍 나쁜 사례로 제시된 선행 연구 문단을 수정하기

다음은 '잘못 쓴 선행 연구'의 예이다. 문제가 있는 부분을 3곳 이상 찾아서 밑줄을 그어 보자. 그리고 그 부분의 문제점을 말하고, 고쳐서 다시 써 보자.

> **예** 교사 말에 대한 선행 연구로 지금까지 다음과 같은 것이 있다.
>
> 김민수(2013)는 한국어 교사가 수업 중에 사용하는 외국인 말씨를 의사소통의 언어 유형별로 살폈다. 그리고 각 유형이 어떤 기능을 하는지 알아보았다.
>
> 이민아(2015)는 학습자에게 영향을 주는 교사 발화의 중요성을 확인하였다. 또한 교사말의 메타언어적 기능이 있다는 것도 확인하였다.

박수호(2017)은 한국어 교육을 대상으로 외국어 말씨의 특징이 무엇인지를 살폈다. 그리고 그 교육적 효용성을 강조하였다.

➜ _____

➜ _____

➜ _____

학술지 논문의 선행 연구 기술 방법

다음은 학술지에 게재된 유학생의 논문에서 발췌한 '선행 연구' 부분이다. 다음을 읽고 위의 사례와 무엇이 다른지, 어떤 특징이 보이는지 찾아서 말해 보자.

(상략)

또한, 한국어 교육에서 학습자의 정의적 요인을 고려한 연구를 보면, 박영민(2008), 노복동(2013), 이순희(2016) 등 학습자의 학업 동기, 학습 태도, 한국어 불안과 자율학습능력 연구로 이어지고 있다. 특히, 한국어 불안은 한국어 학습에 대한 무서움, 걱정 등의 심리적 반응과 수업에 집중하지 못하는 것과 결석 등의 행동으로 나타난 것을 의미한다(조천미 2020:206). 그리고 한국어 불안을 고려한 연구로는 장혜·김영주(2014), 張立·高福升·王波(2017), 두훈(2017) 등의 연구가 있다. 이들 연구에서는 현재 중국인 학습자가 한국어 불안을 겪고 있다고 주장하였으며, 한국어 불안 수준이 보편적으로 높게 나타난다고 밝혔다. 이런 연구들은 외국인 학습자의 한국어 불안 연구를 뒷받침하는 기초 연구라는 점에서 의미가 크다.

(하략)

조천미(2020:142~143)

🔍 〈과제〉 연구하려는 주제에 맞는 선행 연구를 4개 이상 찾아서, 이것을 비판적으로 검토하여 정리해 보기

> 확인
>
> **- 주제:** _____
>
> **- 논문명, 저자 이름(연도), 출처**
>
> 논문 1) _____
>
> 논문 2) _____
>
> 논문 3) _____
>
> 논문 4) _____
>
> **- 위 논문 1)~논문 4)를 유형화하기**
>
> 그룹 1) 공통된 특징: _____
>
>   해당되는 논문: 예) 홍길동(2020) _____
>
> 그룹 2) 공통된 특징: _____
>
>   해당되는 논문: 예) 홍길동(2020) _____
>
> **- 위 선행 연구 중에서 의미가 커서 특별히 인용할 부분**
>
> 인용할 부분 1) _____
>
>   출처: 예-홍길동(2020:20)

인용할 부분 2) _____

　　　　　출처: 예-홍길동(2020:20)

인용할 부분 3) _____

　　　　　출처: 예-홍길동(2020:20)

– 선행 연구로 문단 2개 쓰기

_____ 에 대한 선행 연구로 다음과 같은 것이 있다.

첫째, _____

_____

_____

둘째, _____

_____

_____

_____

이를 통해 _____

7장
글의 정체성, 본론 설계하기

Point
1. 본론의 논증 구조를 이해하고, 본론을 구조화할 수 있다.
2. 논증 구조에 주로 쓰이는 표현을 알고 문단 생성에 적용할 수 있다.

1. 들어가기

설명하는 글은 주장하는 글과 어떻게 다를까? 논리적으로 주장하기 위해, 논문은 어떻게 구성되고 어떤 말로 표현되면 좋을까? 다음에 두 가지 글이 있다. [예 1]과 [예 2]를 비교하면서 다른 점을 찾아보자.

예 1 설명하는 글	🖉 생각거리 찾기
가치소비란 자신이 지향하는 가치를 포기하지 않는 대신에 가격이나 만족도 등을 세밀히 따져 소비하는 성향을 말한다. 자신이 가치를 부여하거나 본인의 만족도가 높은 소비재를 과감히 소비하고, 지향하는 가치의 수준은 낮추지 않는 대신 가격·만족도 등을 꼼꼼히 따져 합리적으로 소비하는 성향을 지칭한다. 호경기 때는 남들에게 보이기 위해 소비하는 과시소비가, 경제위기 때에는 무조건 아끼는 알뜰소비가 유행하는 경향이 있다. 가치소비는 남을 의식하는 과시소비와는 다르게 실용적이고 자기만족적인 성격이 강하며, 무조건 아끼는 알뜰소비와 달리 무조건 저렴한 상품이 아닌	• 목적: • 중심 내용:

가격 대비 만족도가 높은 제품에 대해서는 과감한 투자를 행한다. [출처: 네이버 지식백과]	• 구조:
예 2 주장하는 글 　최근 20대 및 30대 직장인들을 대상으로 가치소비 분야에 대한 조사를 실시하였다. 그 결과 가치소비의 대표 품목으로는 여행이 1위인 것으로 나타났다. 뒤를 이어 음식, 전자제품, 공연 관람 순으로 나타났다. 이를 통해 20대와 30대 직장인들은 비록 비용이 들더라도 자신을 위해 기꺼이 돈을 쓰는 소비 형태를 알 수 있다. 　이처럼 소비에는 가격 요인만이 중요한 것이 아니다. 이러한 소비패턴을 이해하려면 가치가 개인의 중요도에 따라 다르다는 점을 이해해야 한다는 점이다. 이 글의 목적은 가치소비를 통해 20대와 30대의 소비 성향을 분석하고, 이를 통해 소비에 대한 사회 구성원의 인식 변화를 알아가야 한다는 것을 주장하는 데 있다.	• 표현:

　논문이란 논리적으로 주장하는 글이다. 주장하는 글은 어떤 문제를 해결하기 위해 자신의 주장을 근거와 함께 들어 전개하며, 이를 통해 다른 사람을 설득하고자 한다. 이에 비해, 설명하는 글은 어떠한 사실에 대해 이해할 수 있도록 객관적으로 서술한 글이다. 설명하는 글을 쓰는 가장 중요한 목적은 다른 사람을 이해시키는 것이다.

　위의 두 글은 '가치소비'를 주요 내용으로 한다는 점에서 소재가 같다. 그러나 글을 쓴 목적과 중심 내용, 글의 구조 등이 다르다. 주장하는 글에 자주 쓰는 표현도 설명하는 글과 다르다. 이 단원에서는 주장하는 글의 구조를 알고, 논리적으로 주장할 때 자주 쓰이는 표현을 만나 보자.

확인 위 두 글에서 다른 점을 찾아 정리해 보자.

(1) 목적

　예 ❶ _____

　예 ❷ _____

(2) 중심 내용

　예 ❶ _____

　예 ❷ _____

(3) 구조

　예 ❶ _____

　예 ❷ _____

(4) 자주 쓰는 표현

　예 ❶ _____

　예 ❷ _____

2. 알아보기

논리적인 글의 구조 알기

다음은 주장하는 글에 자주 쓰이는 구조이다. A, B, C 세 구조에 대해 알아보자.

〈표 1〉 주장하는 글의 구조

단계	글의 구조	A: 문제해결형	B: 근거제시형	C: 절충형
시작	머리말	문제 제기 ↓ 문제의 원인 ↓ 해결 방안	주장 ↓ 근거 1 근거 2 근거 3	주장 ↓ 장점과 단점 ↓ 절충
중간	본문			
끝	마무리	정리, 요약, 강조		

문제해결형

　문제해결형은 문제를 제기하고 그 문제를 해결하면서 자신의 의견을 주장하는 것이다. 문제 제기는 '(…)의 문제는 (…)다는 것이다'로 주로 표현된다. 중요한 것은 문제를 해결하기 위해서는 문제의 원인을 알아야 한다는 것이다. 문제의 원인이 분석되지 않으면 실현 가능한 문제 해결 방법이 나오지 않기 때문이다. 그러므로 문제해결형에서는 문제를 제기한 후, 그 문제에 대한 원인을 분석하는 부분을 반드시 포함해야 한다. 표현하는 방법으로는 '(…)의 원인은 (…)에 있다'와 같이 표현한다.

　문제해결형에서 기억할 사실이 또 하나 있다. 문제의 원인과 해결 방안이 모두 본문에 포함되어 있어야 한다는 점이다. 문제의 해결 방안을 마무리 부분에서 제시하는 오류를 범해서는 안 된다. 마무리 부분은 정리와 강조하는 부분인 만큼, 마무리 단락에서 새로운 이야기를 시작하지 않는다.

근거제시형

　근거제시형은 주장을 먼저 말하고, 그 주장에 대한 근거를 차례로 보충하는 것이다.

주장하는 글에서 근거란 어떤 의견에 대한 까닭으로 충분한 것이어야 한다. 누구나 이해할 수 있는 객관적인 사실이나 충분한 양의 조사 결과, 또는 실험 결과 등이 여기에 속한다. 근거를 들 때, '그 근거로 (…)를 들 수 있다.', ' (…)가 그 근거이다'와 같은 표현을 쓴다. 근거제시형 글에서도 근거는 본문에 포함되어야 한다.

절충형

절충형이란 어떤 주장에 대한 장점과 단점을 두루 논하고, 장점과 단점을 절충하여 좋은 방법을 제시하는 것이다. 우선, 연구자가 말하고 싶은 주장이나 문제에 대해 장점과 단점을 차례로 논한다. ' (…)의 장점은 (…)다는 것이다', ' (…)의 단점은 (…)다는 것이다'와 같은 표현을 주로 쓴다. 다음으로, 장점과 단점에서 더 좋은 방법을 찾아 제시한다. ' (…)를 절충하면 다음과 같다'와 같이 표현할 수 있다.

다음 글은 각각 어떤 구조로 설계되었는가? 글의 구조를 찾아보고, 자주 쓰이는 표현을 찾아 밑줄로 표시해 보라.

〈보기〉
문제해결형, 근거제시형, 절충형

(1) 우선 스마트폰의 장점은 언제 어디서나 빠른 통신으로 사람들을 연결해 준다는 것이다. 전화뿐만 아니라 문자 메시지, 메신저 앱, 소셜 네트워킹 서비스를 사용할 수 있게 해 준다.

그러나 스마트폰은 단점도 많이 있다. 먼저 스마트폰 중독을 문제로 들 수 있다. (중략)

이와 같은 장점과 단점을 절충하면 스마트폰을 올바르게 쓸 수 있는 방안을 찾을 수 있다. (하략)

 _____

(2) 성형수술은 자신의 부족한 부분을 보완해 주어 사람의 자신감을 길러준다는 주장이 있다. 그러나 그것의 부작용을 무시해서는 안 된다.

성형수술의 문제는 불필요한 비용을 지불하며 외모지상주의를 조장한다는 것이다. 무분별한 성형수술의 원인은 노력이 통하지 않는 사회 현상 때문이다. 이를 해결하기 위해서는 사회 분위기를 바꾸어야 하는데, 가장 직접적인 방안은 교육을 통하는 것이다. (하략)

➔ _____

3. 배우기

주장하는 글에서 자주 보이는 문장은 어떤 특징이 있을까? 한국어 글말로 주장에 자주 쓰이는 표현을 알면 논문을 쓰는 데 도움이 될 것이다. 글말 표현으로 문장 구성 표현, 문단과 문단을 연결하는 데 필요한 표현 등을 알아보자.

주장하는 글의 시작 부분에서 자주 쓰는 표현

1) 대립주장으로 시작하기
    흔히 성형수술은 자신의 부족한 부분을 보완해 주어 자신감을 높여주는 긍정적 기능을 한다고 한다는 주장이 있다. 그러나 그것의 부작용을 무시해서는 안 된다.

2) 질문으로 시작하기
    SNS에 쓰이는 언어는 단지 개인의 선택권인가? 그렇지 않으면 사회적 통제를 받아야 하는 문제인가?

3) 정의와 현황으로 시작하기
    최근 안락사에 대한 진지한 논의가 진행 중이다. 특히 한 저명한 과학자가 자신의 죽을 권리를 주장하며 이를 허용하는 국가로 가서 인터뷰한 장면을 송출한 사례는 가히 충격적이다. **안락사란** 극심한 고통을 받고 있는 불치의 환자에 대하여, 본인 또는 가족의 요구에 따라 고통이 적은 방법으로 생명을 단축하는 행위를 이른다. 안락사는 생명의 존엄성에서 다룰 문제이지만, 한 개인의 문제이기도 하다.

4) 목적을 제시하며 제시하기
   > 예 이 글의 목적은 가치소비의 현황을 통해 기업이 현대 사회의 변화하는 소비 패턴을 적극 활용해야 함을 주장하는 데 있다.

5) 동기로 시작하기
   > 예 이 글에서는 외모지상주의로 인한 사회적 피해를 분석함으로써 외모지상주의의 폐단을 극복할 방안을 모색하고자 한다.

주장하는 글의 본론에서 자주 쓰는 표현

1) 문제 제시하기
   > 예 성형수술의 문제는 불필요한 비용을 지불하여 외모지상주의를 조장한다는 것이다.

2) 원인 설명하기
   > 예 이는 노력이 통하지 않는 사회적 인식이 그 원인이다.

3) 해결 방안 말하기
   > 예 이를 해결하기 위한 방안으로는 학교 교육을 통해 사회적 분위기를 개선하는 것이 있다.

4) 장단점 확인하기
- **예** 성형수술의 <u>장점은</u> 자신감을 키울 수 <u>있다는 것이다</u>. 이에 비해 성형수술의 <u>단점은</u> 불필요한 비용을 지불하며 외모지상주의를 조장<u>한다는 것이다</u>.

5) 절충하는 표현하기
- **예** 성형수술의 <u>장점과 단점을 절충하면</u> 이 문제를 해결하기 위한 좋은 방법을 찾을 수 있다.

6) 근거 제시하기
- **예** 스마트폰 중독은 사람을 현실 세계에서 동떨어지게 하여 현실 적응력을 낮춘다. 그 근거로 하루 7시간 이상을 스마트폰을 보며 보내는 사람들 가운데 80% 이상이 사회생활을 원만히 하지 못한다는 <u>조사 결과를 들 수 있다</u>.

주장하는 글의 결론에서 자주 쓰는 표현

1) 요약하기
- **예** <u>지금까지</u> 외모지상주의의 문제점과 해결 방안에 대해 살펴보았다.

2) 강조하기
- **예** <u>무엇보다 중요한</u> 것은 바로 사회적 인식의 변화이다.

3) 실천 촉구하기
- **예** <u>따라서</u> 지금이라도 사회적 차원에서 대책을 마련하고 행동에 나서야 <u>할 것이다</u>.

글의 구조에 따라 표현 방식은 다르다. '미세 먼지를 해결하기 위한 범지구적 노력'으로 주장하는 글을 쓰려고 한다. 우선 글의 주제로 개요를 작성해 보고, 위에서 배운 여러 표현을 적용하여 직접 문장을 만들어 보자.

글의 주제: 미세 먼지

주장: _____

정의: _____

원인: _____

해결 방안: _____

(1) 서론에서 쓰는 표현
_____

(2) 문제 제기에 쓰는 표현
_____

(3) 문제의 원인에 쓰는 표현
_____

(4) 문제 해결 방안을 제시하는 표현
_____

(5) 결론에서 요약하거나 강조하는 표현
_____

(6) 결론에서 실천을 촉구하는 표현
_____

4. 해 보기

주장하는 글에 맞게 구조를 설계해 보자. 그리고 그 구조에 맞는 문장을 만들어 보자.

글의 소재	– 무엇에 대해 쓸 것인가?
주제, 주장	– 어떤 말을 하고 싶은가?
서론	– 최근에 일어난 문제가 있는가? 그것과 관련된 일이 있는가? – 그것은 어떤 면에서 사회적 문제가 되는가? – 이 글을 쓰는 목적은 무엇인가?
본론	– 문제가 무엇인가? – 문제의 원인은 무엇인가? – 문제를 어떻게 해결할 수 있는가?
결론	– 내용을 정리하면 무엇이 가장 중요한가? – 문제를 해결해야 할 이유를 한 번 더 강조하면 어떻게 말할 수 있는가?

〈주장하는 글 쓰기〉
– 문제해결형 –

8장
연구 방법을 반영한 본론 쓰기

Point
1. 질적 연구의 결과로 제시된 자료를 분석하고 해석하는 방식을 안다.
2. 양적 연구의 결과로 제시된 자료를 분석하고 해석하는 방식을 안다.

1. 들어가기

[예1]과 [예2]는 같은 내용을 다루고 있다. 어느 쪽이 더 내용을 알기 쉬운가? 왜 그런가?

예 1	
본 설문 조사의 응답자 106명은 모두 A 대학교에서 유학하고 있는 학부생이거나, 외국 대학에서 교환 학생으로 와서 단기 체류 중인 학생들이다. 여자 72명, 남자 34명이며, 20대가 91명으로 가장 많고, 10대가 12명, 30대가 3명이다. 응답자의 국적은 중국이 53명으로 가장 많고, 베트남 31명, 이탈리아 10명, 일본 6명, 스리랑카 4명, 러시아 2명 등의 순으로 나타났다.	✏️ [예1]과 [예2]의 가장 큰 차이점은 무엇이라고 생각하는가?

예 2

〈표 1〉 응답자 정보

(단위: 명)

학습 유형	학부생		교환 학생			
	82		24			
성별	여자		남자			
	72		34			
연령	10대		20대		30대	
	12		91		3	
국적	중국	베트남	이탈리아	일본	스리랑카	러시아
	53	31	10	6	4	2

질문 1

논문에서 위와 같이 **자료를 제시해야 하는 경우**는 언제일까? 자료를 반드시 제시해야 하거나 자료를 제시하는 것이 좋은 경우에 대해 이야기해 보자.

질문 2

논문에서 **자료를 제시하는 방법**에는 어떤 것들이 있는지 생각해 보자.

2. 알아보기

본론에서 연구의 자료를 제시하고 분석할 때 주로 어떤 방법을 사용할까? 본론의 예시를 살펴보고, 자료를 제시하는 방법을 알아보자.

[1단계] 자료 제시의 방법 알아보기

다음 예는 논문에서 자료를 제시한 부분이다. 각 글의 특징을 살펴보고 질문에 답해 보자.

예 1

   (c) 대화 시작의 표지: 감탄사로 시작하기

     ① 역무원: <u>예</u>, 감사합니다. 서울역입니다.

        민정: <u>예</u>, 어제 서울에서 기차표를 구입했는데요.〈㉮_중급〉

② 저, 잠깐만요. 서점이 몇 층에 있어요?〈㉮_초급〉
③ 어, 나오코 씨! 감기 걸렸나 봐요?〈㉮_중급〉
④ 자, 여러분, 잠깐만요.〈㉮_중급〉

한국어 교재에서 위 ⓒ의 방법으로 각종 대화의 시작을 알리는 표지를 찾아볼 수 있다. 이러한 사례는 간접적이고 우회적인 표현을 지향하는 한국어에서 감탄사가 대화의 시작을 알리는 보편적인 수단으로 기능한다는 것을 알리는 교육적 장치로 판단된다. 이러한 장치는 상호작용을 기반으로 하는 의사소통 훈련을 도울 것이고, 모국어와 제2 언어를 비교 분석하는 데 도움을 줄 것이다.

(이미향, 2010:155)

예 2

〈표 2〉 학습자 자기 발음 인식 양상: 유음화

어휘\순위	1		2		3		비고
연락	열락	72.5	연락	12.5	연낙	7.5	역행동화
설날	설랄	65.0	설날	17.5	선날	12.5	순행동화
신랑	신랑	45.0	실랑	35.0	신낭	12.5	역행동화

※바른 발음형에 진하게 표시함. 숫자는 %임.

위의 표에서 보는 바, '연락', '설날'에 대해서는 정답률이 상대적으로 높다. 이와 달리 '신랑', '신낭'의 오답률이 45%, 12.5%로 다른 항목에 비해 높게 나타났다. [선날], [신낭]과 같이 답변한 것은 이 단어를 비음화가 적용되는 단어로 알고 있는 경우이다. 이러한 결과로 볼 때, 'ㄴ-ㄹ의 연쇄' 환경의 경우, 동화의 방향과 상관없이, 피험자들이 해당 어휘의 음운 현상이 비음화인지 유음화인지 판단하기 힘들어 하는 것으로 보인다.

(안미애 외, 2016:43)

예 3

　본 연구에서 활용한 말뭉치는 21세기 세종계획 현대 문어 형태 분석 말뭉치(이하, 세종 문어 말뭉치)로 10,066,722개의 어절로 구성되어 있고, 본 연구를 위해 전처리한 형태 단위를 기준으로 하였을 때, 19,138,750개의 형태로 구성되어 있다. '-면'을 포함한 엔그램 정형 표현의 목록을 선정하기 위한 절차는 아래 그림과 같이 나타낼 수 있다.

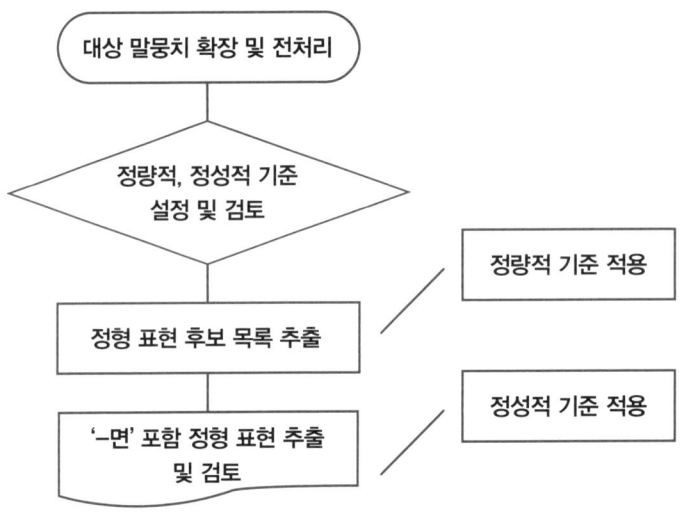

〈그림 1〉 '-면' 포함 정형 표현 목록 선정 과정

(남길임·최준, 2019:945)

 질문 1

위와 같은 **자료 제시의 방법이 필요한 경우**는 각각 언제일지 이야기해 보자.

	자료 제시 방법	필요한 경우
예1	예문	
예2	표	
예3	그림	

 질문 2

위와 같은 방법으로 자료를 분석하는 문장에서 **자주 사용될 것으로 보이는 표현**을 찾아 밑줄을 그어 보자.

	자료 제시 방법	자주 사용되는 표현
예1	예문	
예2	표	
예3	그림	

질문 3

위와 같은 방법으로 자료를 분석하는 부분에서 발견할 수 있는 **특징**을 말해 보자.

	자료 제시 방법	특징
예1	예문	
예2	표	
예3	그림	

2단계   자료 제시 방법의 특징 찾기

논문에서 자료를 제시하는 부분을 보면 두 가지 면에서 그 특징을 말할 수 있다. 시각적인 요소나 편집 상태와 같은 형식상의 특징과 분석하는 문장에서 보이는 기술상의 특징이다.

자신의 연구 주제와 관련된 참고 문헌에서 자료를 제시하고 분석하는 부분을 찾아보고 다음 질문에 답해 보자.

질문 1

참고 문헌에서 예문, 표, 그림을 제시한 부분을 찾아 특징을 정리해 보자.

논문 제목, 쪽수	제시 방법	형식상의 특징 (시각적 요소와 편집)	기술상의 특징 (분석과 해석)
(예) 남길임(2010), "'아니다'의 사용패턴과 부정의 의미", 43쪽	예문	1. 번호를 (1), (2)…와 같은 형식으로 붙여서 예문을 제시함. 번호 아래 예문은 ㄱ, ㄴ…의 방법으로 제시함. 2. 본문 아래 한 줄을 띄움. 3. 본문의 글자체보다 예문의 글자체가 더 작음. 4. 연구의 대상이 되는 '아니다' 부분에 밑줄을 침.	1. 이전 연구와 차별성을 보이고, 본 연구의 범위와 하위 목적을 제시하기 위한 목적으로 예문을 제시함. 2. 기존 사전의 격틀로 설명할 수 없는 것을 예문으로 제시하여 본 연구의 필요성을 강조함. 3. '아니다'가 가진 다양한 부정의 의미를 파악하고 입체적인 분석이 필요함을 예문을 통해 밝힘.

 **질문 2**

예문, 표, 그림을 분석할 때 자주 사용하는 표현을 찾아 밑줄을 긋고 정리해 보자.

제시 방법	자주 사용하는 표현
예문	(예) 1. 위 예들은 -을 보여 준다. 2. 위의 예에서 볼 수 있듯이 3. 다음은 -의 예이다.
표	(예) 1. 위 표를 분석해 보면, -을 알 수 있다. 2. 위 표를 통해 알 수 있는 사실은, -다는 것이다. 3. -을 표로 나타내면 다음과 같다.
그림	(예) 1. 위의 <그림1>은 -라고 볼 수 있다. 2. <그림1>에서 -이 -로 제시되어 있다. 3. -을 도식화하면 아래 그래프와 같다.

3. 배우기

논문에서 자료를 제시하고 자료 분석의 결과를 기술하기 위해 주로 예문, 표, 그림(그래프, 순서도) 등을 사용한다. 각각의 제시 형식을 살펴보고 예를 통해 확인해 보자. 또 그 방법을 사용하여 제시하는 이유와 주로 사용되는 표현을 알아보자.

예문으로 자료를 제시하는 방법

1) 예문 제시의 형식

(예문 번호)	(하위 번호)	(예문1)	(주/출처)
	(하위 번호)	(예문2)	(주/출처)
	⋮	⋮	⋮
	⋮	⋮	⋮

2) 예문 제시의 예

> 예 1
>
> (11) ㄱ. 그는 군인이 아니다. 『표준』
> ㄴ. 김 회장은 돈 아니면 권력을 추구한다. 『고려대』

> 예 2
>
> (3) a. 누나(√누나가) 금년(√금년에) 스물여섯 살이에요. (베트남/1급)
> b. 이런 한국은 이런 이미지(√이미지가) 있습니다. (네덜란드/4급)
> c. 시험을(√시험이) 솔직히 생각보다 어려웠어요. (카자흐스탄/3급)
>
> (오선영, 2018:136)

3) 자료를 예문으로 보여주는 이유

① 저자의 주장을 뒷받침하기 위한 예를 들기 위해서

② 저자의 주장을 쉽게 이해하게 하기 위해서

③ 많은 자료 중에서 가장 대표적인 예문을 제시하기 위해서

4) 예문 제시와 분석에 주로 사용되는 표현

- 위의 예에서 볼 수 있듯이/알 수 있듯이/볼 수 있는 바/알 수 있는 바
- 위 예들은 -을/를 보여 준다.
- 위의 예를 보면 -을/를 알 수 있다.
- 위의 예는 -의 예를 보인 것으로,
- 위 예의 -다는 사실은 -을/를 보여 준다.
- 다음은 -의 예이다/예를 정리한 것이다.

표로 자료를 제시하는 방법

1) 표 제시의 형식

| (표 번호) | (표 제목) | (주/출처/참고 사항) | (표) |
| (표) | (표 번호) | (표 제목) | (주/출처/참고 사항) |

2) 표 제시의 예

예 1

위의 기준을 통해 추출된 '것' 또는 '거' 구성의 유형의 수를 100만 어절당 표준화된 빈도를 제시하면 다음 〈표2〉와 같다.

표 2. '것'과 '거' 구성의 정형화된 표현 출현 횟수(Sohn&Nam: 2011)

	것	거	합계
학술 문어	160회	0회	160
학술 구어	40회	99회	139
일상 대화	1회	161회	162
합계	201	260	461

(남길임, 2011:89)

예 2

아래 표는 각각 학술교양서와 일상대화에서 나타난 '아니다'의 용례 200개를 담화부정과 명제부정으로 분류한 것이다. (중략)

	문어_학술교양서	구어_일상대화	총계
명제부정	150	145	295
담화부정	8	36	44
관용표현	42	19	61
총계	200	200	400

〈표 1〉 명제부정과 담화부정의 빈도

(남길임, 2010:51)

3) 자료를 표로 보여주는 이유

① 표의 내용으로 저자의 주장을 쉽게 이해하게 하기 위해서
② 조사한 내용 중 수치나 통계를 정확히 제시하기 위해서
③ 많은 양의 자료를 한정된 공간에 제시하기 위해서
④ 자료들 간의 비교를 위해서

4) 표 제시와 분석에 주로 사용되는 표현

- 위 표를 분석해 보면, -을/를 알 수 있다.
- 위 표를 통해 알 수 있는 사실은, -다는 것이다/다고 할 수 있겠다.
- -을/를 표로 나타내면 다음과 같다.
- -은/는 다음 〈표1〉과 같다/같이 나타낼 수 있다.
- 아래 표는 -을/를 -(으)로 분류한 것이다.

그림으로 자료를 제시하는 방법

1) 그림 제시의 형식

(그림 번호)   (그림 제목)   (그림)   (주/출처/참고 사항)
(그림)   (그림 번호)   (그림 제목)   (주/출처/참고 사항)

2) 그림 제시의 예

예 1 그래프

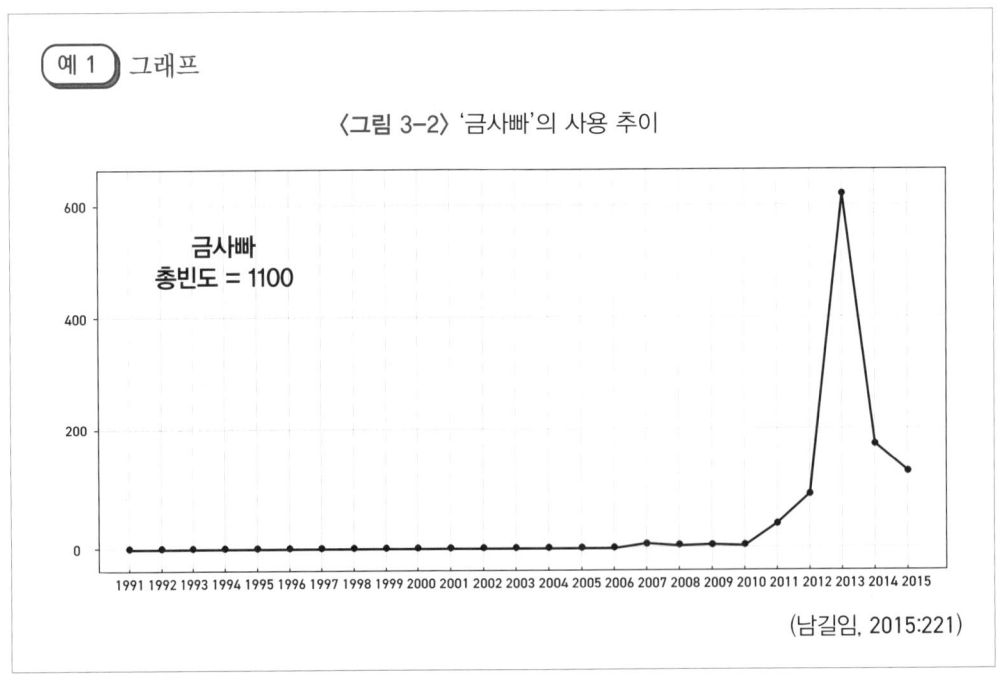

〈그림 3-2〉 '금사빠'의 사용 추이

(남길임, 2015:221)

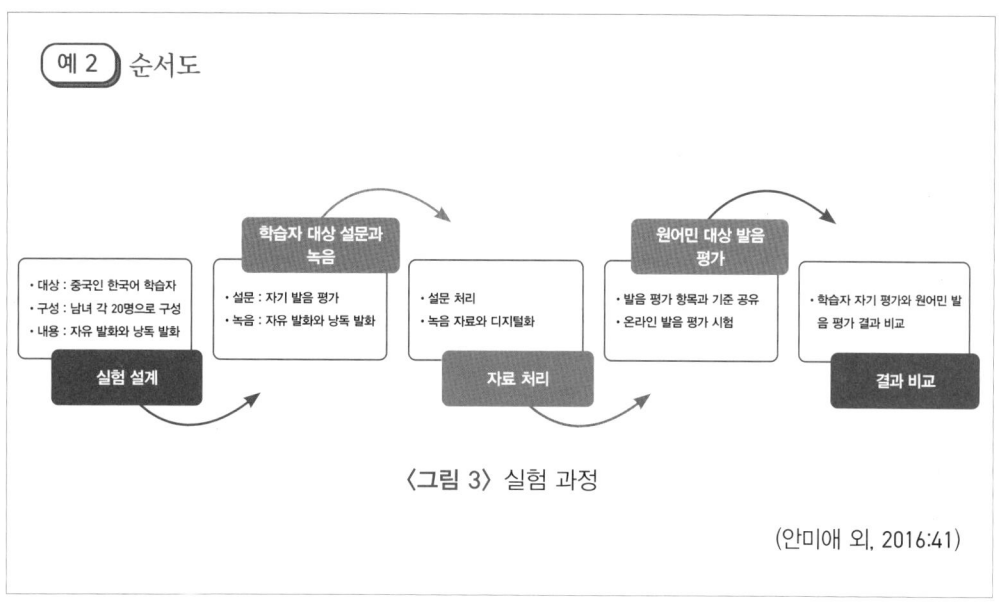

〈그림 3〉 실험 과정

(안미애 외, 2016:41)

3) 자료를 그림으로 보여주는 이유

   ① 연구 결과로 얻은 자료의 변화를 확인하기 쉽게 제시하기 위해(그래프)

   ② 여러 요인들 사이의 상관관계를 제시하기 위해(그래프)

   ③ 연구의 절차나 과정을 독자들에게 알리기 위해(순서도)

4) 그림 제시와 분석에 주로 사용되는 표현

- 위의 〈그림1〉(그래프/순서도)에서 보는 바와 같이/알 수 있듯이
- 위의 〈그림1〉은 −(이)라고 볼 수 있다/할 수 있다.
- 〈그림1〉에서 − 이/가 −(으)로 제시되어 있다.
- −을/를 도식화하면 아래 〈그림1〉(그래프/순서도)과 같다.
- −은/는 꾸준히/급격히 증가하는/감소하는 것으로 나타났다.
- (V−는 것)으로 나타났다/(V−는 것)을 볼 수 있다/N1, N2, N3 순으로 나타났다.
- V−는/(으)ㄹ 것으로 예측할 수 있다.

4. 해 보기

🔍 예문을 분석하는 글 쓰기

다음은 예문을 제시하고 분석한 부분의 예이다. 글의 내용을 완성해 보자.

> 우선, 품사의 측면에서 코로나-19 신어는 302개 전체가 명사 또는 명사구로만 판별되었다. 신어 수집 과정에서 형태소 분석 과정을 통해 용언 및 타 품사도 후보 목록의 검토 대상에 포함되었으나, 최종적으로는 명사(55개) 또는 명사구(247개)만 수집되었다. 각각 명사와 명사구에 해당하는 대표적인 _____.
>
> (3) 코로나-19 신어로 수집된 명사 및 명사구 예시
>   ㄱ. 코로나19, 코비드19, 마꾸, 턱스크, 폐마스크, 언택트, 집콕족, 램데시비르, 확찐자(명사)
>   ㄴ. 신종 코로나 바이러스 감염증, 우한 코로나, 우한 폐렴, 마스크 5부제, 마스크 없무새, 마스크 의무제, 랜선 술자리, 비대면 강의, 생활 속 거리 두기, 워킹스루 진료소, 작아 격리(명사구)
>
> 위 예에서 _____, 코로나-19 신어 목록에 명사류가 주로 수집된 것은 기존 신어 연구 결과를 통해서도 확인할 수 있는 일반적인 신어의 품사적 특징과도 어느 정도 일치하는 결과이지만, 구 단위가 약 80% 이상의 비율로 수집된 것은 특징적 현상이다.
>
> (이수진 외, 2020:146)

🔍 표를 분석하는 글 쓰기

다음은 표를 제시하고 분석한 부분의 예이다. 글의 내용을 완성해 보자.

〈표 2〉 한국어 학습 형태(방법/기관)

	한국어 학습 장소 및 형태	응답자 수(복수 응답)
1	본국의 대학(전공, 교양)	27
2	본국의 대학 내 어학연수 기관	6
3	본국의 학원 또는 단체	6
4	한국의 대학(전공, 교양)	14
5	한국의 대학 내 어학연수 기관	63
6	한국의 학원 또는 단체	13
7	기타(독학 등)	3

위 표를 _____, 본 연구의 대상이 된 외국인 학습자 106명 을 상대로 한 조사에서, _____

_____을/를 알 수 있다.

조사 결과, _____

다고 대답한 경우가 응답자의 절반을 훨씬 넘는 63명으로 가장 많았고, _____

_____

다는 답이 그 뒤를 이었다. 위 표를 통해 _____,

조사 대상 학습자의 대부분은 _____

_____다는 것이다.

(오선영, 2017:261)

🔍 그림을 분석하는 글 쓰기

다음은 그림을 제시하고 분석한 부분의 예이다. 글의 내용을 완성해 보자.

교육과정을 설계할 때는, 학습자 요구분석에 기초하여 교육 목적과 목표를 설정하고 교수요목, 교재, 교수법, 평가 등의 모든 과정을 함께 논의해야 한다. 이러한 교육과정 개발의 절차를 Richards(2001)에서 살펴보면 _____.

〈그림 2〉 교육과정 개발의 절차(Richards, 2001)

위 〈그림 2〉를 보면 _____, 교육과정의 개발을 위해서는 가장 먼저 _____ 이 이루어져야 한다. 둘째, _____ _____ 야 한다. 셋째, 교육과정의 목표가 적절하게 설정되고 기술되어야 한다. 넷째, 교육과정을 잘 구현할 수 있는 _____ 이 설계되어야 한다. 다섯째, 이러한 교수요목을 바탕으로 구체적인 수업 절차가 제공되어야 하고, 여섯째, 수업에 맞는 _____ 필요가 있다. 끝으로 _____ 를 통해 다시 교육과정 설계의 전 과정을 보완할 수 있다.

💡 해 보기

자신의 논문에서 **자료를 제시하는 문단**을 구성해 보자. 이때 위에서 말한 **자료 제시의 방법 중 하나 이상을 선택**해서 내용을 분석하고 해석하는 글을 써 보자.

9장
주장이 드러나는 본론 쓰기

Point
1. 논증의 개념을 알고 적절하게 표현할 수 있다.
2. 논증을 전개하는 방식을 알고 적절하게 표현할 수 있다.

1. 들어가기

논문에는 필자의 생각, 주장, 믿음, 비판 등이 분명하게 나타나야 한다. 다음의 예에서 필자의 주장이 잘 드러나는 문장을 찾아 밑줄을 그어 보자.

> **예 1**
>
> 이상에서 살펴본 미등재 의미 단위들은 세 가지 요인에서 누락의 원인을 찾을 수 있다. 향후 포괄적인 의미 단위의 확충을 위해서는 이러한 누락 요인을 중심으로 한 수집이 필요하며, 여기에는 말뭉치언어학의 관점, 사전학의 관점, 언어학적 분석 등의 요인이 고려되어야 한다.
>
> (남길임, 2021:118)

✏️ 주장이 나타난 문장을 쉽게 찾을 수 있는 방법이 있을까?

> **예 2**
>
> 유창한 한국어 발음은 모든 한국어 학습자가 바라는 것이다. 그러나 발음은 학습자의 언어권별로 접근 가능성이 다르다. 또한 학습

자는 정확한 발음에 대한 인식이 어려워 대상별로 특화된 교육 내용과 방안을 마련하기가 매우 어렵다. 다양한 발음 교육 방안을 마련하기에 앞서 무엇보다도 한국어 발음 교육의 목표와 이에 맞는 평가 기준의 적합성부터 제시될 필요가 있다.

(이미향·안미애, 2018:111)

예 3

우선, 인칭 대명사와 지시 대명사를 교수할 때는 담화 상황에 따라 '이/가'의 실현 여부가 달라짐을 명시적으로 제시하되, 숙달도를 고려해야 할 것이다. 또한 1항 서술어인 어휘들은 어휘별로 발화 맥락에 따른 의미 차이를 교수해야 할 것이다.

(오선영, 2018:163)

질문 1

필자의 주장이 드러나는 문장에서 쓰인 표현들은 어떤 것인가?

질문 2

필자의 주장이 드러나는 문장에서 **위와 같은 표현을 쓰는 이유**는 무엇일까?

2. 알아보기

자신의 주장을 분명히 드러내기 위해서는 문장을 어떻게 써야 할까? 주장이 분명히 드러나는 글과 그렇지 않은 글을 비교해 보고, 주장이 잘 드러나는 문장의 조건을 알아보자.

> **1단계** 주장이 분명히 드러나는 글 찾기

다음 예는 학생들이 작성한 논문에서 자신의 주장이 드러나는 부분을 가지고 온 것이다. 주장이 분명히 드러나는 문장이 포함된 글에는 O를 하고, 주제문에 밑줄을 그어 보자. 주장이 분명하게 제시되지 않은 글에는 X를 하고, 왜 그런지 이유를 생각해 보자.

예 1

　교육이란 이 시대 최고의 아름다운 행위라고 생각한다. 이 시대에 최고로 발전된 모습은 교육 덕분에 나타난다. 그러므로 교육은 급속하게 변화하는 시대에 가장 중요한 문제인 것 같다. (　　)

예 2

　'신북방정책'은 한국과 EAEU 국가 간 경제무역에 큰 영향을 줄 것으로 보인다. 그러나 신북방정책의 추진 과정에서 난항을 겪으면서 한국 정부의 계획에 차질이 발생하였다. 교착 국면에 있는 외교 통상 여건에 변화를 주기 위해 좀 더 심도 있는 연구와 정책 방향의 제시가 요구된다. (　　)

예 3

　한국어 교재는 발음이나 문법 같은 문화 외적 부분과 문화 교육 부분을 결합하여 구성해야 한다. 문화 부분을 단순히 부록처럼 붙여 놓기만 한 교재로는 외국인 학습자가 한국 문화에 대한 지식을 언어 사용과 함께 습득하기 어려울 것이기 때문이다. (　　)

예 4

　언어 연구에서 색채어 연구는 매우 중요한 위치를 차지하기 때문에 많은 학자들이 색채어를 연구했고 많은 성과를 거두었다고 생각하지만, 같은 색채어가 국가에 따라 다른 상징적 의미를 가진다는 연구가 적었기 때문에 색채어 연구에 문제가 있다고 본다. (　　)

✎ 주장이 분명히 드러나는 문장은 어떤 특징을 가지고 있는가?

질문 1

주장이 분명하게 드러나는 글은 몇 번인가? 왜 그렇다고 생각하는가?

질문 2

주장이 분명하게 제시되지 않았다고 생각한 글은 몇 번인가? 무엇이 문제인가?

질문 3

앞의 [질문2]에서 주장이 분명히 제시되지 않은 글 중 주제문이라고 생각되는 문장을 하나 고르자. 그 문장을 주장이 분명히 드러나는 문장으로 고쳐 보자.

2단계 설득력이 약한 주장의 문제점 찾기

주장이 분명하게 드러나는 문장을 통해 필자의 주장을 알 수 있더라도 설득력이 약하다면 그 주장은 의미가 없다. 설득을 잘하려면 어떻게 표현해야 할까?

다음 예에서 주장에 대한 설득력이 약한 부분을 찾고, 그 이유를 말해 보자.

> 예 1
>
> 한시(漢詩)를 번역하는 연구는 아마도 최근에 시작된 연구인 것 같아서 탐구할 부분이 많지 않을까 생각한다. 따라서 이 연구를 통해 한시 번역을 더 깊이 연구할 수 있을 것으로 본다.
>
> 예 2
>
> 대기업과 중소기업은 시장에서 경쟁하면서 활동한다. 정확하지 못한 정책을 시행하면 중소기업의 생산성은 더 떨어질 수밖에 없다. 왜냐하면 중소기업은 원래부터 부족한 조건을 너무 많이 가지고 있기 때문이다. 따라서 중소기업은 무조건 도와주어야 한다.
>
> 예 3
>
> 교착어는 실질적인 의미를 가진 단어나 어간에 문법적인 기능을 가진 요소가 결합되어 문장 안에서 문법적 관계를 나타낸다. 한국어와 우즈베크어는 둘 다 교착어이므로 단어를 형성하는 방법인 조어법이 똑같다고 볼 수 있다.
>
> 예 4
>
> 한국어 듣기를 잘하려면 예능 프로그램을 자주 보는 것이 가장 좋다. 모르는 단어가 많이 나오겠지만 그냥 계속 듣고 외우면 한국어 어휘량이 저절로 늘어나게 된다.

✎ 설득력이 떨어진다고 생각되는 문장은 어떤 특징을 보이는가?

질문 1

위의 글을 보고 설득력이 약하다고 생각한 이유는 무엇인가?

질문 2

설득력을 높이려면 어떻게 하면 좋을까?

3. 배우기

 논문의 본론에는 무엇보다 필자의 주장이 잘 드러나야 한다. 논문을 통해 필자가 주장하고자 하는 바를 논리적으로 증명하는 과정은 매우 중요하다.
 필자가 자신의 주장을 논리적으로 증명하고자 할 때 자주 쓰이는 표현이나 특징적인 문장의 형식에는 어떤 것이 있는지 알아보자. 또 주장을 뒷받침하기 위해 근거를 제시할 때 어떻게 해야 하는지, 주장을 논리적으로 전개하는 효과적인 방법에는 어떤 것이 있는지 배워 보자.

논증의 개념과 조건

1) 논증의 개념

논증이란 무엇이 맞고 무엇이 틀리는지 이유를 들어 밝히는 것을 말한다. 또 그 이유나 근거를 논증이라고 하기도 한다.

학문에서는 철저한 논증이 아주 중요하다고 할 수 있다. 논문을 쓰는 목적은, 필자가 자신의 학문적 의견을 주장하여 그 논문을 읽는 사람이 자신의 의견에 동조할 수 있게 하는 것이다. 즉, 논문은 독자를 설득하는 글이고, 글을 통해 자신의 주장을 논리적으로 증명하여 독자를 설득하는 방법이 논증인 것이다.

논리적으로 증명을 한다는 것은, 말이나 글에서 사고나 추리를 이치에 맞게 이끌어 어떤 판단이나 내용이 진실인지 아닌지 그 근거를 들어서 밝히는 것을 말한다.

2) 논증을 위한 조건

철저한 논증을 하기 위해서는 다음과 같은 조건이 필요하다.

(1) 필자의 의견, 사상, 주장, 비판 등이 분명해야 한다.
(2) 필자의 의견, 사상, 주장, 비판 등이 이치에 맞아야 한다.
(3) 필자의 의견, 사상, 주장, 비판 등에 독창성이 있어야 한다.
(4) 자신의 의견과 다른 의견을 무조건적으로 수용을 해서는 안 되고, 비판적으로 수용해야 한다.
(5) 자신의 주장에 대한 이유나 근거를 확실하게 들어야 한다.

명제의 개념과 조건

1) 명제의 개념

필자가 가지고 있는 생각, 사상, 믿음, 주장, 비판 등을 잘 드러내기 위해서는 그러한 것을 잘 담아낸 문장을 만들어야 한다. 즉, 논증하고자 하는 바를 한 문장으로 분명하게 나타내는 것이 중요하다.

필자의 주장이 분명하게 드러나는 문장을 '명제'라고 한다. 논문에서 이 명제가 곧 주제문이 된다. 보통 명제는 '(-기 위해서는) -어/아야 한다'와 같은 형식의 문장으로 제시되는 경우가 많다. 자신의 주장을 '당연한 것'이라고 강조하는 표현이기 때문이다.

2) 명제의 조건

좋은 명제는 다음과 같은 조건을 가지고 있다.

(1) 문장이 애매하지 않고 명확하고 간결해야 한다.
(2) 한 명제 안에 하나의 주장만을 담고 있어야 한다.
(3) 사실 여부를 알 수 없거나 너무나 분명한 사실이면 안 된다.
(4) 감정적이거나 주관적인 내용이 있으면 안 된다.

좋지 않은 명제는 다음과 같은 경우이다.

(1) 일반적이고 상식적인 사실이다.
(2) 근거를 통해 증명하기 어렵다.
(3) 주장에 선입견과 편견이 들어 있다.
(4) 개인적인 생각과 감정에 의존하고 있다.

3) 명제의 예

논문에 나타난 명제의 예를 보이면 다음과 같다.

(1) '1은 2이다'의 유형 내에서는 적어도 네 가지 이상의 유형들이 구분되어 기술되어야 한다. (남길임, 2003:262)
(2) 이러한 점이 모국어 모음의 음성적 조음 위치 실현에 영향을 줄 수 있다고 판단된다. (안미애, 2014: 202)

> (3) 외국어 교수.학습에서는 성공적인 의사소통을 위해 문화 차이로 인한 갈등 상황에 대처하는 능력을 교수.학습 과정에 포함시킬 필요가 있다. (이미향, 2010:140)
> (4) 유학생들이 주로 '듣기'를 통해 지역어를 접하게 된다는 점을 고려할 때, 이해 영역인 듣기 수업에서 지역어를 다루는 것이 적절할 것으로 보인다. (오선영, 2017:255)

4) 명제에 주로 사용되는 한국어 표현
- -(이)라고/(으)로 볼 수 있다.
- -임을 알 수 있다.
- -어/아야 할 것이다.
- -(으)ㄹ 필요가 있다.
- -이/가 요구된다.
- -는 것이 중요하다.
- -(으)로/-(으)ㄹ 것으로 보인다.
- -다고 판단된다.

근거의 개념과 제시 방법

1) 근거의 개념과 필요성

근거란 어떤 의견에 근본이 되는 것, 또는 그런 의견을 내는 이유를 말한다. 즉, 필자가 문장을 통해 어떤 의견을 제시하게 된 이유가 바로 근거인 것이다.

필자의 주장이 명제를 통해 분명히 제시되었다고 하더라도 주장을 뒷받침해 주는 근거가 구체적으로 제시되지 않으면 그 주장은 설득력을 가지기 어렵다. 또 근거를 밝힌다고 하더라도 그 근거가 구체적이거나 확실하지 않고, 충분하지 않다면 그 주장은 설득력을 잃을 것이다.

따라서 필자가 주장의 정당성과 당위성을 입증하기 위해서는 반드시 그 주장을 뒷받침할 수 있는 근거들을 충분히 마련해야 한다.

2) 근거를 제시하는 방법

(1) 앞선 연구에서 여러 논자들을 통해 입증된 결과를 제시한다.

(2) 관련 분야에서 인정받고 권위 있는 논자의 의견을 인용한다.

(3) 객관적으로 충분히 검증할 수 있는 사실을 제시한다.

(4) 조사나 실험을 통해 입증된 결과나 통계 자료 등을 제시한다.

본론의 중요성과 효과적인 전개 방식

1) 본론의 중요성

본론은 필자가 자신의 주장을 명제를 통해 제시하고, 충분한 근거를 통해 주장을 뒷받침하는 문장들로 구성하게 되는, 논문에서 가장 핵심적인 부분이라고 할 수 있다. 이때 명제들은 일관성 있는 내용으로 필자의 주장을 분명히 알 수 있게 제시되어야 하고, 주장을 뒷받침하는 근거는 충분하고 적절해야 한다.

또한 본론에서 효과적인 논증을 하기 위해서는 명제와 근거를 적절하게 배열해야 한다. 명제와 근거를 배열하는 방식에 따라 본론이 전개되는 방식을 나눌 수가 있다.

2) 효과적인 논증을 위한 본론의 전개 방식

(1) 연역법

연역법은 연역적 전개라고도 한다. 주장을 앞에 제시하고, 다음으로 주장에 대한 근거를 제시하여 주장을 증명하는 전개 방식을 말한다.

<u>어떤 자료를 통해 지역어를 제시할 것인가도 중요하다. 지역어를 제시하기 위해서는 학습자가 쉽게 접할 수 있고 흥미를 가질 수 있는 자료를 선택할 필요가 있다.</u> 드라마나 영화와 같이 시각적, 극적 요소를 가지고 있는 자료들은 이야기의 흐름을 따라가면서 내용을 이해할 수 있다는 장점이 있다. 등장인물들 중 한두 사람이 지역어를 사용하

는 장면을 선택하여 표준어와 지역어가 대비되는 상황을 제시한다면, 표준어와 지역어를 자연스레 대조적으로 교육할 수 있을 것으로 보인다.

(오선영, 2017:257)

(2) 귀납법

귀납법은 귀납적 전개라고도 한다. 주장에 대한 근거를 먼저 제시하고, 그 이후에 자신의 주장을 정리하여 나타내는 전개 방식이다.

> (10), (11) 모두 의미 단위의 핵은 '동사'이지만, (10)은 동사의 품사 범주로 뜻풀이를 끝맺은 반면, (11)은 형용사로 뜻풀이를 맺고 있는 경우를 보여 준다. 드라마 시나리오에 등장한 이들 표현들은 고도로 관용화되어, 전체 표제어의 의미가 구성성분의 의미의 합으로 해석되지 않으므로 품사를 일치시킬 수 없는 경우가 대부분이며, 의미 단위의 속성을 고려할 때 범주 중심의 뜻풀이 지침은 고수될 수 없다. <u>따라서 연어, 관용어를 포함한 구 단위의 뜻풀이에서 마지막 술어의 품사 범주의 원칙은 좀더 유연하게 적용한 기술이 필요하다.</u>

(남길임, 2021:126)

(3) 변증법

변증법은 변증법적 전개라고도 한다. 어떤 주장을 내세운 다음, 그 주장과 반대되는 의견이나 논의를 언급한 후, 두 주장 모두를 고려한 결론을 제시하는 전개 방식이다.

> (j)에서 여성 결혼이민자용 교재 〈㉲〉는 긍정적 대답과 부정적 대답이 17:6으로, 〈㉳〉는 19:5로 나타났다. 외국 사회의 새로운 구성원이 된 여성으로서, 소수 집단이 부정적 대답보다 긍정적 표현을 하는 것을 사회적으로 요구받을 수 있다. 그런데 〈㉳〉를 발화자별로 다시 살피면 권력 차이가 큰 한국문화적 특징이 반영되었음을 알 수 있다. 〈㉳〉의 대화 구성에 전체 19회의 긍정 대답과 5회의 부정 대답이 실려 있는데, 여성 결혼이민자의 대답에서는 긍정과 부정이 15:1이었지만, 역으로 한국인의 대답에서는 긍

정과 부정이 각각 4:4로 나타난 것이다. 수적으로 비교적 적은 사례라고 해도, 비율로 볼 때 이는 교재 개발 시 고려할 만한 사실이다.

(이미향, 2010:161)

(4) 논박법

논박법은 논박식 전개라고도 한다. 자신의 주장과 반대되는 의견을 제시하고, 그 주장이 가진 모순점을 지적함으로써 자신의 주장이 정당함을 증명하는 전개 방식이다.

경음화는 평가자들에게서 전체적으로 높은 점수를 받은 음운 현상이다. 그 이유는 유성자음 대 무성자음으로 대비되는 중국어 영향에서 찾을 수 있다. 그런데 경음화의 실현 정도를 설문 결과와 비교하며 분석하면 중요한 사실이 보인다. 학습자들이 자신의 경음 발음에 대한 정확한 인지가 잘 안 된다는 점이다. 다시 말해, 이 연구의 피험자인 학습자 집단은 본인이 실제로 하고 있는 발음이 경음인지 평음인지를 명확히 구분하지 못하고 있다.

예를 들어 설문 결과에서 많은 피험자가 '학교'를 [학꾜](74.4%)가 아니라 [학교](15.4%)로 발음한다고 답했으나, 실제 원어민의 발음 숙달도 평가에서는 그 수 이상의 학습자가 [학꾜](92.7%)로 제대로 발음한 것으로 평가되었다. 또한 학습자가 [신고](20.0%)라고 답한 반 이상이, 원어민을 통한 평가에서는 실제로 [신꼬]로 제대로 발음한 것으로 보았다. '할 것이'에서는 그 차이가 더욱 크다. 자신의 발음이 [할꺼시](22.5%)라고 응답한 학습자는 전체의 1/4도 되지 않았으나, [할거시](72.5%)라고 알고 있다고 응답한 학습자의 대부분이 실제로 [할꺼시](79.7%)에 가깝게 발음하는 것이다. 이렇게 학습자의 자기 발음 인식 결과와 원어민의 학습자 발음 숙달도 평가 결과 사이에서 다양한 차이가 관찰된다. 이것은 학습자 대부분이 경음 규칙을 적용하는 환경과 그 결과를 잘 알지 못하는 것뿐만 아니라, 자신의 경음 발음이 어느 정도 숙달되었는지 인식하지 못하는 상태임을 알려 준다. 또한 보기에서 자신의 발음을 선택하는 과정에서 철자법에 이끌리는 경향도 보이는데, 이 또한 실제 본인의 발음을 인식하지 못하는 것에 대한 방증이다. 이처럼 발음 실현에 모어의 영향을 받고, 학습자 자신이 숙달 여부를 인지하지 못한다면 그 발음은 학습에 의한 성과라 보기 어렵다.

(안미애 외, 2016:51)

4. 해 보기

해 보기 1

자신의 연구 주제와 관련된 참고 문헌을 보고 다음에 답해 보자.

질문 1

주장이 드러난 명제와 주장을 뒷받침하는 근거를 찾아보자.

논문 제목, 쪽수	
(예) 남길임(2015), "신어의 사용 추이와 사전 등재의 기준", 213쪽	우선, 분석 대상의 포괄성과 관련하여 대상 매체가 신어의 사용 추이를 포괄적으로 나타낼 만큼 충분한 양을 갖추고 있는가를 점검할 필요가 있다. (주장/명제) / 신어 중 상당수가 저빈도 단어임을 고려할 때, 대상 매체가 너무 적을 경우, 전체 신어에 대한 사용 추이의 고찰은 현실적으로 불가능하다. '다둥이 가족', '골드미스'의 사례에서 볼 수 있듯이, 빈도는 대상 매체의 범위와 양에 따라 상당한 편차를 보이는 것으로 분석되었다. (근거)

질문 2

참고 문헌의 본론에서 다음의 전개 방식으로 주장과 근거가 배열된 부분을 찾아보자.

전개 방식	논문 제목, 쪽수	
연역법		
귀납법	(예) 오선영(2018), "한국어 구어 교육을 위한 조사 '이/가'의 실현 및 비실현에 관한 연구", 155쪽	(16) a에 만약 조사를 넣어 '내가'나 '네가'라고 해 보면, 특정한 주어로서 '나'나 '너'를 지정하는 것처럼 생각되기 때문에 해당 발화 장면에서는 부적절한 것이 됨을 알 수 있다. (17)의 a-c의 예와 비교해 보면, 주어를 '나'나 '너'로 지정을 해야 하는 상황에서 '이/가'가 실현된다는 것을 알 수 있다. (중략) **(근거)** / 따라서 이때 조사를 실현할 수는 있지만 실현되면 부적절하거나 특별한 다른 의미를 가지는 것으로 생각될 여지가 있다. **(주장)**
변증법		
논박법		

9장 주장이 드러나는 본론 쓰기 **139**

해 보기 2

주장이 드러나는 명제 만들기

질문 1

다음의 본문에서 '명제'를 찾아 밑줄을 그어 보자.

> **예 1**
>
> 외국인 유학생들에게 지역어를 교육하는 문제는, 다른 환경의 외국인들에 대한 그것과는 다르게 접근해야 할 필요가 있다. 결혼 이주 여성의 경우, 생활 전반에서 지역어에 노출되는 정도가 높다. 지역민으로 정착하기 위해, 한국인 가족의 일원이 되어 그들과 소통하기 위해서는 필수적으로 익혀야 하는 것이 지역어이다. 그에 비해 유학생들은 지역어 사용 비중이 그만큼 높지 않을 수 있고, 지역어 습득에 대해 절실함을 느끼지 않을 수도 있다.
>
> (오선영, 2017:254)

> **예 2**
>
> 〈표 2〉의 목록 중 텍스트 녹음 자료(「자료 2」)는 학습자가 스스로 녹음하여 제출한 것이므로, 학습자가 원고를 보고 읽었을 가능성이 높다. 따라서 이 자료는 낭독 자료의 성격을 띨 것으로 판단된다. 반면 영상 자료인 실제 발표 자료(「자료 3」)는 텍스트를 보지 못하고 발표한 것이므로 실제 말하기 자료의 성격에 조금 더 가까울 것으로 보인다. 자료의 성격을 고려하면, 이 연구에서는 수집한 자료를 아래의 네 단계로 분석할 수 있다.
>
> (안미애 · 이미향, 2019:145)

질문 2

자신의 논문 주제와 관련하여 '명제'를 만들어 보자.

(1) _____

_____

_____

(2) _____

_____

_____

뒷받침 문장을 통해 근거 제시하기

질문 1

다음에서 '근거'가 제시된 부분을 찾아 밑줄을 그어 보자.

예 1

　이러한 '이다'는 기존 사전에서 제시하고 있는 일반적인 '이다'의 의미, 즉 주어에 대한 속성이나 특성을 '지정'한다는 뜻풀이만으로는 충분한 풀이가 되기 어렵다. 왜냐하면 이 구문에서 '이다'는 화자와 청자가 특정 상황에서 공유하는 잉여적인 정보를 추론함으로써, 해석이 가능하므로. 이때 '이다'는 주어 명사항에 대한 속성이라는 일정한 의미로 해석할 수 없는 것이다.

(남길임, 2003:260)

예 2

　본 연구는 학위 논문에 한정해 연구 동향을 살펴보고자 한다. 분석 대상을 학위 논문에 한정한 이유는, 첫째, 학위 논문은 종합적인 관점에서, 다양한 방법을 활용하여 연구를 수행했을 것으로 판단되기 때문이다. 남신혜(2021:104)에서도 학위 논문이 종합적이고 거시적인 담론을 다루는 경우가 많다고 하였다. 둘째, 동일 연구자의 유사 연구를 배제함으로써 동향 분석의 정확성을 높이기 위해서이다. 이훈호(2015:114)는 이는 학위 논문의 내용을 추려 학술지에 게재하는 관행 때문으로, 그런 연구물을 가려내는 데 어려움이 있음을 지적하였다.

(오선영, 2022:359)

질문 2

앞에서 만들어 본 '명제'에 '근거'를 제시하는 문장을 써 보자.

(1) _____

(명제)

_____

_____

(근거)

_____

_____

_____

(2) _____

(명제) _____

_____

_____

(근거) _____

_____

_____

_____

주장과 주장의 근거를 배열하여 전개하기

질문 1

다음 글의 전개 방식이 '연역법'이면 '연', '귀납법'이면 '귀', '변증법'이면 '변', '논박법'이면 '논'이라고 써 보자.

예 1 (   )

　외국어 교육의 목표는 이질적인 문화에서 출발한 언어로써 의사소통을 성공적으로 수행하게 하는 데 있다. 교수자는 이 목표를 달성하기 위해 다양한 교육 자료를 학습자에게 제공하는데, 특히 교사 및 교재의 언어·문화적 지식은 영향력 있는 교수·학습 자료로 쓰인다. 그런데 학습자의 문화 간 의사소통능력 습득을 교재로써 고찰해야 하는 더욱 중요한 이유는, 교재가 교사와 학습자에게 권위적인 자료로 인식된다는 점에 있다. 교과서는 해당 사회의 문화와 시스템 등을 반영함으로써 교사와 학습자에게

직·간접적으로 문화에 대한 견해를 갖게 한다. 한국어 교재는 이처럼 의사소통을 목표로 교육 내용을 제공하는 동시에 목표 언어인 한국어와 한국문화에 대한 인식을 결정지을 수 있는 것이므로, 한국어 교재를 통한 한국어 학습자의 문화적 소통력 향상을 논하려 한다.

(이미향, 2010:137)

예 2 (   )

우선, 분석 대상의 포괄성과 관련하여 대상 매체가 신어의 사용 추이를 포괄적으로 나타낼 만큼 충분한 양을 갖추고 있는지 점검할 필요가 있다. 신어 중 상당수가 저빈도 단어임을 고려할 때, 대상 매체가 너무 적을 경우, 전체 신어에 대한 사용 추이의 고찰은 불가능하다. '다둥이 가족', '골드미스'의 사례에서 볼 수 있듯이, 빈도는 대상 매체의 범위와 양에 따라 상당한 편차를 보이는 것으로 분석되었다.

(남길임, 2015:213)

예 3 (   )

『표준』에 제시된 '없이'의 뜻풀이는 형용사 '없다'의 기술을 거의 벗어나지 못하고 있다. 물론 '없이'의 '없-'이 형용사로서의 의미를 그대로 갖고 있는 것으로 보면, 이는 큰 문제가 아니다. 그러나 그렇다고 하면 굳이 '없이'를 별개의 표제어로 실을 이유가 있을까 의문이다. 김건희(2006:315)에서도 지적한 것처럼, '-이'나 '-게' 결합형 부사가 의미적, 통사적으로 원래의 형용사와 많은 차이를 보임에도 불구하고, 사전에서 형용사의 설명에 기대는 것은 문제가 있다. '없이'는 형용사 '없다'와 다른 문법 범주인 부사이면서 문장에서 형용사와는 변별되는 의미·통사적 특징을 가질 것으로 보이므로 이를 사전 기술에 충분히 반영을 해야 할 것이다.

(오선영·다키구치, 2015:48)

예 4 (   )

　'생략'의 중요한 조건은 '복원 가능성'이다. 원래의 문장이 있다는 것이고, 생략된 성분은 복원 가능한 것이라 보는 것이다. 그렇다면 조사가 있든 없든 의미 차이가 없어야 한다. 그러나 복원이 가능한 것인지 아닌지 판단하기 어려운 경우가 많고, 복원했을 때와 생략했을 때가 완벽하게 똑같은 의미라고 볼 수 있는지가 문제이다. 한편, '비실현'은 본래 문장을 상정하지 않고, 조사를 애초에 실현하지 않은 것으로 보아야 한다. 이때 조사의 복원은 당연히 불가하고, 조사를 실현하면 오히려 비적격하거나 의미가 달라진다. 결국, '비실현'은 '생략'과는 다른 것으로, 이 둘은 별개의 것으로 다룰 필요가 있다.

(오선영, 2019:142)

질문 2

앞에서 작성한 '명제'와 '근거'를, 4가지 전개 방식 중 하나를 골라 배열하여 보자.

[전개 방식:]

_____

_____

_____

_____

10장
연구의 마무리, 결론 쓰기

Point
1. 결론의 구성 방식을 알고 적절하게 기술할 수 있다.
2. 결론에 주로 쓰이는 표현 방식을 알고 적절하게 기술할 수 있다.

1. 들어가기

다음은 논문의 마무리 부분을 보여 주는 예시이다. 이 글이 논문의 마지막 부분임을 알 수 있는 표현이나 문장을 찾아 밑줄을 그어 보자.

예 1

본고는 한국어 교실에서 수업 중 교사 발화에 나타난 외국인 말씨를 의사소통의 언어 유형별로 살피고, 각 유형이 사용 범주별로 어떤 기능에 이용되는지 알아본 것이다. 한국어 교사는 교사말로, 외국인과 의사소통하기 위해 쉽게 조정된 외국인 말씨를 쓴다. 한국어 교사가 쓰는 이와 같은 외국인 말씨를 의사소통의 도구인 언어적·반언어적·비언어적 표현으로 유형을 나누어 사례를 구체적으로 확인하였다. 그리고 외국인 말씨의 사용 범주를 내용 전달과 수업 진행으로 나누어, 범주별 특성을 살폈다. 이 연구를 통해 다음과 같은 사실을 알게 되었다.

✏️ 이 부분이 결론이라는 것을 알 수 있는 특별한 표현이 있는가?

첫째, 언어 유형의 언어적 표현 중에서 어휘 차원의 외국인 말씨를 확인하였다. (중략)

본 연구를 통해 한국어 수업에서 외국인 말씨가 수업 내용 발화에서뿐만 아니라, 수업 진행에 더욱 적극적으로 활용되고 있음을 확인하였다. 이러한 결과는 추후 교사 발화 관련 연구와, 교사 교육의 교육과정에 적극 반영할 수 있을 것이다. 그러나 본 연구에는 언어 수준별로 드러난 특징을 의사소통의 언어 유형별로 자세히 밝혀내지 못한 한계가 있다. 또한, 한국어 교실에서 외국인 말씨가 차지하는 비중을 통계 수치로 드러내는 양적 연구를 통해 명료성을 높이지 못한 것도 연구의 한계점이다. 학습자 수준별 교사의 외국인 말씨 사용도, 유형별·범주별 사용도 등을 명확히 드러내는 것이 교육 현장 및 추후 연구에 끼칠 의미가 크므로, 이러한 양적 연구를 질적 연구와 병행하여 그 의미를 밝힐 것을 향후 과제로 남긴다.

(이미향, 2013:179-181)

> 서론 쓰기와 비슷한 점이 있는가? 서론 쓰기와 다른 점은 무엇인가?

예 2

지금까지 고급 수준의 한국어 능력을 가진 GI를 대상으로 이들의 한국어 단모음 습득 정도를 실험음성학적인 방법으로 한국인의 한국어 모음과 대조해 보았다. 논의 결과는 다음과 같다.

첫째, GI는 인도네시아어와 한국어 단모음의 음성적 실현에 있어 통계적으로 유의미한 차이를 나타내지 못한다. (중략)

본 연구는 고급 수준의 한국어 능력을 가진 GI를 대상으로 한국어 단모음의 조음 영역 실현이 어떠한 양상으로 나타나고 있는지를 실험음성학적인 방법으로 논의한 데 의의가 있다.

(안미애, 2014:202-203)

질문 1

결론 부분으로 보이는 문장이 있는가? 그 문장에 어떤 '주어'와 '서술어'가 쓰였나?

질문 2

결론임이 드러나는 문장에서 '서술어'에 자주 쓰이는 표현은 무엇인가?

질문 3

[예1]과 [예2]의 마지막 문단에는 어떤 내용이 들어갔는가?

2. 알아보기

5장에서 글을 시작하는 것은 만만한 일이 아니라고 하였다. 그러나 논문을 시작하는 것만큼이나 끝맺는 것도 쉬운 일이 아니다.

결론을 어떻게 써야 할까? 결론의 예시를 살펴보고, 논문 전체를 끝맺는 글의 문장과 문단은 어떠해야 할지 생각해 보자.

> **1단계** 결론에 맞는 문장 쓰기

다음은 유학생이 쓴 논문의 결론에서 가져온 예이다. 문장에서 틀린 부분이나 부족한 점을 찾아 고쳐 보자.

예 1 본 연구는 한국과 몽골의 교장 승진제도를 비교하여 양국의 교장 승진제도의 특징과 차이점을 고찰하는 데 목적을 둔다. 이 연구는 한국과 몽골의 승진제도를 분석한 후에 두 나라의 교육에 기여하는 부분을 이 연구를 통해 제시하고 싶다. **예 2** 본고는 명사만의 조어법을 살피는 것에 한계점이 있으며 앞으로도 더 넓은 연구를 계속하는 것이 기대된다. **예 3** 이를 이루기 위해 한국어와 중국어의 음소배치와 음절구조를 비교하여 그들의 공통점과 차이점을 살펴봄으로써 이에 따른 오류를 대상으로 분석하고 원인을 밝힐 것이다. 그 내용을 간추려서 내용은 다음과 같다.	✏️ 결론임이 드러나는 표현이 쓰였는가?

질문 1

문법적으로 틀렸다고 생각하는 문장은 무엇인가? 틀린 부분을 고쳐 보자.

질문 2

문장에서 부족하다고 생각되는 부분은 무엇인가? 어떻게 고치면 좋을지 말해 보자.

> **2단계** 결론에 맞는 문단 구성하기

다음은 유학생들이 쓴 논문의 결론이다. 문단 구성이 잘못되었거나 부족한 부분을 찾아보자.

> 결론은 어떤 내용이, 어떤 순서로 배열되어야 할까?

예 1

본 연구는 한국과 중국의 교원양성제도를 비교하고 분석하는 데에 목적을 두며, 이를 위해 교원양성기관, 교원자격취득, 교원임용 방식의 측면에서 살펴보았다. 먼저 Ⅰ장에서 본 연구의 필요성을 제시함으로써 양국의 교원양성제도를 비교하고 분석하는 것에 대한 의의를 밝혔다.

그다음, 연구문제를 선정하였다. 연구문제를 선정하는 데에 앞서 먼저 기존의 선행 연구에서 교원양성제도에 대한 논의를 어떻게 다루고 있고, 어디까지 다루고 있는지를 살펴보았다. 이는 한국의 교원양성제도와 중국의 교원양성제도에 관한 연구를 각각 살펴본 후, 한국과 중국 또는 한국과 다른 나라의 교원양성제도를 비교분석하는 연구를 검토하였다. 그 결과, 교원양성제도의 측면에서는 교원양성제도의 역사적 흐름 또는 변천과정, 교원양성제도의 목표가 주를 이루었으며, 교원양성제도에서 교원양성기관, 교원자격취득, 교원임용 또는 학생선발 방식은 미흡하게 다루어지고 있음을 알 수 있었다. 특히 교원임용에 대한 한국과 중국의 비교 연구가 많이 다루어지지 않았다. 이를 기반으로 본 연구에서는 다음과 같은 세 가지 연구문제를 제시하였다.

예 2

지금까지 기업규모별로 발생하고 있는 임금수준 차이를 줄이기 위해 성과공유제의 도입과 활성화에 대해 구체적인 정책 방안을 검토하였다. 그러나 임금수준의 결정요소 중 제일 중요한 사항이 생산성이고, 장기적으로 생산성에 따라 임금수준이 결정되므로 임금 격차를 제대로 해소하고자 한다면 성과공유제뿐만 아니라 생산성을 향상시킬 수 있는 R&D투자를 확대시킬 수 있는 방안도 함께 세워야 한다. 또한 앞에서 언급한 바와 같이 성과공유제를 찬성하는 직원들이 R&D 투자에 대해 긍정적인 태도를 취할 가능성이 높다.

성과공유제 확산 정책을 검토하는 과정에서 많은 중소기업들이 완성품을 생산하지 않고 대기업의 협력업체로서 중간제만 만드는 것을 무시할 수 없다. 이로 인해 기업들이 생산성을 높이기 힘들거나 생산성이 높아져도 인건비를 줄이는 기술혁신이 있을 수밖에 없다. 근로자 입장에서는 오히려 성과공유제를 채택하지 않는 편이 더 유리하다.

시장은 다양한 사정을 가지고 있는 기업들이 존재하고 경쟁하고 있다. 그런 의미에서도 정부가 정책을 강제로 진행하려고 할 때 정책의 부작용을 더 신중히 고려해야 한다. 성과공유제 확대를 유도하고 스스로 이를 선택하게 하는 정책을 시행하여 기업들이 자신의 상황에 맞게 선택할 수 있도록 해 주는 것이 낫지 않을까?

질문 1

[예1]의 문단 구성은 어떤 점에서 문제가 있는가? 어떻게 고쳐야 할까?

질문 2

[예2]의 문단 구성은 어떤 점에서 문제가 있는가? 어떻게 고쳐야 할까?

3. 배우기

결론을 어떻게 쓰면 논문 전체를 잘 마무리하였다고 할 수 있을까? 논문 전체를 끝맺는 글의 조건과 결론에 자주 쓰이는 표현 방식을 배워 보자.

결론의 기능과 구성

결론에는 어떤 내용을, 어떤 순서로 넣어야 할까? 결론은 논문 전체를 정리하면서 마무리를 하는 부분이다. 다음은 결론에 꼭 들어가야 할 내용이다.

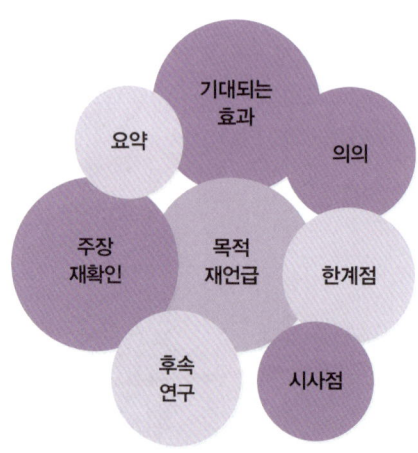

위의 내용은 일반적으로 다음과 같은 순서로 구성된다.

결론의 맨 처음에는 주로 이 논문의 서론에서 밝혔던 연구의 목적이나 배경, 동기 등을 다시 언급하면서 지금까지 수행한 연구 결과를 한 문장 또는 한 문단으로 제시한다. 그다음, 논문에서 다룬 논의와 연구의 결과 전체를 요약한다. 이때 본론의 장별로 요약하기도 하고, 중요한 내용을 '첫째', '둘째', '셋째' 등을 붙여 단락을 나누어 정리하기도 한다. 이후에 논문의 주된 주장이나 핵심적인 연구 결과를 다시 한 번 강조하면서 논문의 의의를 밝힌다.

또 연구의 결과가 시사하는 바를 언급하면서 논의의 의미를 강조하기도 한다. 여기에서 결론이 끝나는 경우도 있지만, 연구를 통해 밝히지 못한 것에 대한 아쉬움을 언급할 수도 있고, 논문의 약점으로 지적받을 만한 부분이나 주장에 대한 반박이 예상되는 부분을 한계점으로 밝히기도 한다. 끝으로 본인이 후속 연구로 계획하고 있는 것을 언급하거나 앞으로 이 논의와 관련하여 어떤 연구가 필요할지 전망을 내놓기도 한다.

주의할 점은, 결론은 마무리를 하는 부분이므로 본론에서 한번도 언급한 적이 없는 새로운 내용이나 본론의 논의와 반대되는 주장을 기술해서는 안 된다는 것이다.

결론을 쓰기 위해 필요한 표현들

1) 결론의 문단과 문장

다음의 예를 통해 결론의 문단과 문장의 특징을 살펴보자.

> 본 연구는 외국인 유학생들을 대상으로 한국어의 지역어를 교육하는 방안을 모색해 보고자 다음과 같은 내용으로 연구를 진행하였다.
> ↳ **연구의 목적을 다시 언급하고 강조함.**
>
> 첫째, 외국인 유학생들에게 지역어를 교육해야 할 필요가 있는지, 지역어를 얼마나, 어떤 방식으로 배워야 할지 지역어 교육의 범위와 방법, 앞으로의 방향에 대해 고민해 보았다.
>
> 둘째, 외국인 유학생들이 지역어와 지역어 교육에 대해 어떻게 인식하고 있는지 설문 조사를 통해 알아보고, 그 결과를 바탕으로 지역어 교육 방안을 모색해 보았다.
>
> 셋째, 대학 내 듣기 수업에서 지역어 교육이 어떻게 이루어질 수 있을지, 드라마를 활용한 수업 사례를 통해 제시해 보았다.
> ↳ **연구 내용이나 결과를 (장별로/주요 내용을 중심으로) 요약함.**
>
> 이 논의는 결혼 이민자와 같이 다른 환경의 외국인 학습자를 위한 지역어 연구에 비해 활발하지 못했던 유학생들의 지역어 교육에 대해 논의하였다는 점에서 의의가 있다. 특히 이 논의의 결과는, 한국어 학습을 위해서는 물론이고, 한국 문화 일반과 특정 지역 문화를 이해하기 위해서는 외국인을 위한 지역어 교육이 필수적으로, 체계적으로 이루어질 필요가 있음을 시사한다.
> ↳ **논의의 의의와 시사점을 밝히면서 주장을 재확인함.**
>
> 다만, 본 연구는 수업 자료 제시에 집중하였고 실제적인 수업 활동을 구체적으로 제시하지 못했다는 데에서 한계점을 가진다. 또 지역어 사용의 범위 설정과 자료의 재가공 문제에 대해 더 적극적으로 논의하지 못했다는 점에서 아쉬움이 남는다.
> ↳ **논의의 한계점이나 약점을 언급함.**
>
> 자료를 재가공하고, 구체적인 수업 활동으로 연계하는 논의는 후속 연구를 기약하기로 한다. 또한 앞으로 특정 지역에 거주하는 외국인을 위해 방언별로 어떤 교육이 필요할지, 논의의 결과가 교수법이나 교재에 구체적으로 어떻게 반영되어야 할지에 대해

활발한 연구가 진행되어야 할 것으로 본다.
└ **후속 연구 계획이나 관련 연구의 전망을 언급함.**

2) 결론의 문장 예
(1) 연구의 목적 재언급과 핵심 내용 요약

예 본 연구는 Scott(1997)의 통계적 방법론을 활용하여 한국어 핵심어를 추출하는 데 있어서 고려해야 할 쟁점을 살펴보고 실제 몇 가지 절차를 통해 핵심어 분석을 시도한 실험적인 연구이다.

(남길임·이수진, 2012:117)

예 지금까지 안미애 · Wei Qun · 이미향(2016)의 결과를 활용해 개발된, 중국인 한국어 학습자 대상 한국어 발음 학습을 위한 앱의 설계 과정과 구현 결과를 살펴보았다.

(안미애 외, 2018:191)

(2) 연구의 결과와 의의, 시사점 등 강조

예 본 연구는 고급 수준의 한국어 능력을 가진 GI를 대상으로 한국어 단모음의 조음 영역 실현이 어떠한 양상으로 나타나는지를 실험음성학적인 방법으로 논의한 데 의의가 있다.

(안미애, 2015:204)

예 이러한 결과는 한국어 교원이 발음 목표와 평가 기준에 대한 재고와, 실제 채점을 할 기회를 가지는 것이 평가에 대한 기준 설정에 매우 중요한 계기가 되는 것을 시사한다.

(이미향·안미애, 2018:112)

(3) 연구의 한계점

> **예** 본 연구에서는 지금까지 영어를 중심으로 논의되어 온 핵심어 추출의 방법론을 한국어 말뭉치에 적용함으로써 한국어의 특성을 고려한 추출 방법론을 논의하는 데 중점을 두었기 때문에 추출한 개별 핵심어에 대한 충분한 논의를 진행하지는 못하였다.
>
> (남길임.이수진, 2012:118)

> **예** 본 연구는 분석 대상을 학위 논문에 한정하였다는 점에서 전반적인 동향 파악에 한계가 있다. 또 대상 연구물의 연구 방법과 주제를 분류하는 과정에서 복수의 연구자를 통한 교차 검토의 작업 없이 연구자 개인이 직접 분류를 했다는 점에서도 한계를 가진다.
>
> (오선영, 2022:378)

(4) 후속 연구와 전망

> **예** 이와 관련해 본 연구팀은 중국인 한국어 학습자군의 문장 및 담화 수준과 관련하여 기초 자료 연구를 진행하고 있으며 그 결과를 바탕으로 문장 수준 이상의 학습 단계를 개발할 계획을 가지고 있다.
>
> (안미애 외, 2018:192)

> **예** 핵심어를 판단하는 경계, 유형의 분류 등 많은 부분에 있어서 언어 자료의 계량적 분석은 빈틈이 있기 마련이며 이는 연구자의 직관과 주관적 분석을 통해 보완되어야 마땅하다. 이에 대한 논의는 후고를 기약하기로 한다.
>
> (남길임.이수진, 2012:118)

3) **결론 부분에 자주 사용되는 표현**
- 지금까지/이상으로 - 에 대해 살펴보았다/알아보았다/확인하였다/밝혔다.
- 본 연구는 - 에 대해 살펴본 연구이다.

- 이 연구를 통해 다음과 같은 사실을 알게 되었다.
- 본 연구의 논의 결과는 다음과 같다.
- 본 연구에서 논의된 사항을 요약함으로써 결론을 대신하면 다음과 같다.
- 본 연구는 −다는 점에서/−는 데 의의가 있다.
- 이러한 결과는 −에 반영할 수 있을 것이다.
- 이러한 결과는 −다는 점을 시사한다.
- 본 연구는 −지 못한/−다는 점에서/−다는 데에서 한계가 있다/한계점을 가진다.
- 본 연구에서는 −에 대해 다루지 못했다/살펴보지 못했다.
- 본 연구는 −다는 점에서 아쉬움이 남는다.
- 이는 후속 연구를 기약한다/기약하기로 한다.
- 이는 향후 과제로 남긴다/추후의 연구로 미루기로 한다.
- 앞으로 −에 대한 연구가 계속되어야 하리라/할 것으로 본다.

4. 해 보기

해 보기 1

자신의 연구 주제와 관련된 참고 문헌을 보고 다음에 답해 보자.

질문 1

결론에서 연구의 목적과 지금까지의 논의 결과를 정리한 문단을 찾아 문장을 써 보자.

논문 제목, 쪽수	
연구의 목적	

논의의 결과	

🅠 질문 2

참고 문헌의 결론이 어떻게 구성되어 있는지 정리해 보자.

논문 제목, 쪽수	
결론의 구성	

해 보기 2

결론에 들어갈 문장 쓰기

(1) 자신이 지금까지 작성한 논문의 목적과 연구 결과를, 한 문장이 한 문단이 되게 요약해 보자.

(2) 연구의 의의와 연구 결과가 관련 분야에 기여할 수 있는 부분에 대해 언급하는 문장을 써 보자.

(3) 논의의 한계점과 부족함을 기술하는 문장을 써 보자.

(4) 후속 연구에 대한 계획을 언급하는 문장을 써 보자.

(5) 관련 연구의 전망을 기술하는 문장을 써 보자.

결론의 문단 구성하기

연구 결과를 장별로 또는 내용별로 '첫째, 둘째, 셋째' 등의 표현을 써서 3문단 정도로 요약해 보자. 이때 '첫째, 둘째, 셋째...' 대신 '먼저, 다음으로, 끝으로' 또는 '1장에서는, 2장에서는...'과 같은 표현을 써도 된다.

첫째,

둘째,

셋째,

11장
초록과 참고 문헌

Point
1. 학술 논문에서 초록과 참고 문헌의 역할과 중요성을 안다.
2. 초록의 형식적인 요건과 내용의 구성 방식을 알고 적절하게 기술할 수 있다.
3. 참고 문헌의 구성 방식을 알고 정확하게 작성할 수 있다.

1. 들어가기

지금까지 우리는 논문의 구성 전반을 살펴보고 실제 실습을 통해 논문을 구성해 보았다. 이 장에서 다룰 초록과 참고 문헌은 논문 전체의 구성으로 보아서는 부가적인 텍스트이지만, 학위 논문이나 학술지 논문의 첫인상과 이론적 맥락, 신뢰도를 결정하는 중요한 부분이다. 또한, 이들은 논문의 양식 중 가장 형식적인 규정에 영향을 많이 받는 부분으로, 학술공동체의 관습과 규정을 준수할 필요가 있다. 초록과 참고 문헌은 논문의 작성 마지막 단계에서 작성하며, 학문 분야를 막론하고 학술지 또는 학위 논문의 발행처가 제시한 상세 규정 확인이 필수적이다. 이 장에서는 초록과 참고 문헌 작성에서 유의해야 할 요건을 형식적인 측면과 내용적인 측면 각각을 살펴보기로 한다.

우선, 초록의 경우, 초록의 분량을 포함한 형식, 핵심어의 수 등의 형식적인 요건을 확인할 필요가 있다. 이는 투고하고자 하는 학술지나 소속 대학의 규정에 따라 다소 차이가 있으므로, 작성에 앞서 초록에 대한 정확한 형식적 규정을 확인할 필요가 있다. 또 초록의 내용은 일반적으로 논문의 목적이나 주요 방법론, 연구의 의의 등으로 구성되는데, 초록의 주요 표현들은 이러한 내용적 요건과 밀접한 관련이 있다. 참고 문헌 역시 마찬가지인데, 학문 분야나 학술지의 특성에 따라 참고 문헌의 양식은 다소 달리 나타난다. 따라서 각자의 학문 분야 즉, 학술공동체(academic community)가 선호하는 참고 문헌의 형식을 미리 확인할 필요가 있다.

이 장에서는 주로 인문학, 사회과학에서 일반적으로 통용되는 초록의 작성 원리와 참고 문헌 규정을 위주로 논의할 것이다.

2. 알아보기

1) 초록의 주요 기능과 요건

학술 논문에서 주제가 영화의 제목이라면, 초록은 영화의 예고편이다. 따라서 초록은 논문 전반의 내용을 예고하고 독자의 흥미를 일으켜야 한다. 매력적인 제목과 초록은 논문의 첫인상이자 얼굴이라 사실을 염두에 두고, 초록이 갖추어야 할 요소를 생각해 보자.

> **초록 1** 한중 사전의 연결어미 기술의 개선 방안에 대한 연구
>
> 본 연구의 목적은 고빈도 연결어미 '-어서'를 중심으로, 온라인 한중사전의 문제점을 살펴보고, 향후 온라인 한중사전 예문 제시 개선 방향을 제안하는 데에 있다.
>
> 싱클레어(Sinclair)는 인간의 의사소통은 한 단어 이상으로 구성된 '어휘 항목'(lexical item)으로 의미 전달을 한다고 주장한 바가 있다. 그 후에 사전학은 '단어 단위'를 넘어서 '구 단위'를 주제로 오랫동안 연구해 왔다. 그렇지만 기존 온라인 한중사전에서 주로 '-어서'를 중심으로 된 단어 단위로 의미 용법을 제시하고 있고, 구 단위에 관한 기술이 잘 없는 것으로 나타났다. 온라인 한중사전은 중국인 한국어 학습자나 한국인 중국어 학습자들이 많이 사용하는 학습 사전이므로 사전학 발전 추세에 따라 학습 효율을 높일 수 있는 방향으로 예문 제시를 개선할 필요가 있다고 판단된다. 즉, 모

🖋 제시된 초록 두 편을 비교해 보고, 어떤 차이가 있는지 살펴보자. 그리고 어떤 초록이 더 좋은 초록인지도 논의해 보자.

국어화자 사용 빈도를 바탕으로, 교재, 사전, 문법서에 있는 문법 항목을 참고하여 학습자의 실제 사용 상황을 고려하는 방향으로 구 단위 예문을 기술해야 할 것이다.

주제어: 연결어미 '-어서', 의미 제시, 온라인 한중사전, 관련 표현

초록 2 기사문과 댓글에 나타난 코로나 신어의 사용 양상과 사전학적 기술

본 연구의 목적은 다양한 웹 장르를 고려한 신어의 추출과 사전 기술의 가능성을 모색하기 위해, 기사문과 댓글을 중심으로 코로나19 말뭉치를 시기별로 구축하고, 코로나19 신어의 출현 빈도 및 사용 양상을 살펴보는 것이다. 이를 위하여 연구 방법으로 기사문과 댓글 두 장르의 빈도와 더불어 고빈도 코로나 신어의 공기어를 분석하고, 사례 연구로서 고빈도 코로나 신어 'K-방역'을 분석한다. 이를 통해 일반적인 신어 추출과 기술의 주요 대상인 기사문과 댓글은 확연한 차이를 보이며, 대중의 언어로서 댓글 말뭉치가 가지는 가치와 한계를 확인할 수 있다. 특히 사전학적 관점에서 비전문가인 대중의 언어를 대표하는 댓글 자원이 거시구조와 미시구조 전반에서 사용자 언어 자원으로서 중요한 가치를 가진다는 것을 논의하고, 주요 사례로 '우한 폐렴'과 'K-방역'에 대한 사전 모형을 제시한다.

핵심어: 코로나19 신어, 댓글, 공기어, 엔그램, 미시 구조

질문 1

초록 1과 초록 2는 각각 학습자와 모국어 전문가가 작성한 초록의 예시를 보인 것이다. 각 초록의 공통점과 차이점을 살펴보자. 초록 2에 나타난 주요 표현들을 통해 초록에서 반드시 들어가야 할 내용이 무엇인지 논의해 보자.

질문 2

초록에서 반드시 들어가야 할 내용을 모두 고르시오.

1) 연구의 목적

2) 주요 방법론

3) 연구의 결과나 의의

4) 논문에 없는 새로운 정보

5) 선행 연구에 대한 상세한 요약

6) 선행 연구의 한계와 연구의 동기

질문 3

위 [질문 1]에서 반드시 들어갈 내용은 논문 전체의 목차에서 어떤 부분과 관련이 있는지 이야기해 보자. 초록 2의 본문 목차에서 이러한 내용을 추출한다면 어느 장의 부분과 관련이 있을지를 논의해 보자.

> 기사문과 댓글에 나타난 코로나 신어의 사용 양상과 사전학적 기술
> 1. 서론
> 2. 연구 대상 및 방법
> 3. 기사문과 댓글에 나타난 코로나 신어의 특성
> 4. 사례 연구: 'K-방역'을 중심으로
> 5. 코로나 신어의 사전 기술의 방향과 쟁점
> 6. 결론

2) 참고 문헌의 주요 기능과 요건

참고 문헌은 논문의 맨 마지막에 위치하지만, 다음 세 가지의 측면에서 논문에서 매우 중요한 역할을 한다. 첫째, 우리는 참고 문헌을 통해 이 연구가 선행 연구의 연구 동

향에서 어떤 위치를 차지하는지 알 수 있다. 둘째, 이 논문을 쓰기 위해 주로 어떤 논문을 참고했는지 알 수 있고, 셋째, 이를 통해 이 연구가 주로 어떤 이론적 관점을 가지고 있는지를 한눈에 파악할 수 있다. 무엇보다 상세하고 정확한 참고 문헌은 논문의 신뢰성을 직접적으로 보여주므로, 논문의 맨 마지막 단계에서 참고 문헌이 정확히 작성되었는지를 확인하는 것은 매우 중요하다. 아래 참고 문헌의 사례를 통해 한국어 학술 논문에서 일반적으로 사용되는 참고 문헌의 작성 방법을 살펴보자.

> **참고 문헌 1** 언어학 분야 참고 문헌 사례
>
> 강범모(1999), 『한국어의 텍스트 장르와 언어특성』, 고려대학교 출판부.
> 구현정(2008), 「"아니, 안 하는 게 아니잖아": 부정 표현의 문법화」, 『담화와 인지』 제 15권 3호, 1-26.
> 김동식(1981), 「부정 아닌 부정」, 『언어』 6-2, 한국언어학회, 99~116.
> 남길임(2017), 한국어 부정 구문 연구를 위한 말뭉치언어학적 접근, 『한국어의미학』 56, 135-159.
> 손영숙·정주리 역(2004), 『구문문법』, 한국문화사.
> 우형식(2008), 「"없다"의 용법과 부정 표현의 양상」, 『배달말』 43, 배달말학회, 179~209.
> 장경희(1982), 「국어 의문법의 긍정과 부정」, 『국어학』 11, 89-114.
> 한송화(2014), 「구어 언어자료에 나타난 장형부정과 단형부정의 사용과 부정의 담화기능」, 『어문론총』 60, 113-141.
> Biber, D., S. Johansseon, G. Leech, S. Conrad and E. Finegan. (1999), *Longman grammar of spoken and written English*, London, Longman.
> Horn, L. R. (1991), Given as new: When redundant affirmation isn't. *Journal of Pragmatics* 15(4), 305-328.

✎ 제시된 참고 문헌을 살펴보고 배열의 참고 문헌의 유형에 따른 배열의 원리를 이야기해 보자.

Israel, M. (2004), The Pragmatics of Polarity. *The handbook of Pragmatics*, 701~723. Oxford: Blackwell.

Scott. M.(1997), PC analysis of key words −and key key word, *System* 25(2):2 33−245.

참고 문헌 2 문학 분야 참고 문헌 사례

서영인, 『김남천 문학 연구』, 경북대 박사 학위 논문, 2003.

윤대석, 『식민지 국민문학론』, 역락, 2005.

이경훈, 『오빠의 탄생』, 문학과지성사, 2003.

이상경, 『이기영, 시대와 문학』, 풀빛, 1994.

이선옥, 「우생학에 나타난 민족주의와 젠더 정치, 이기영의 『처녀지』를 중심으로」, 『실천문학』, 2003, 봄호, 83-95면.

이원동, 「만주 담론과 이기영 소설의 변화」, 『어문학』, 제97집, 한국어문학회, 2007, 291-314면.

이원동, 「식민지말기 지배담론과 국민문학론」, 『우리말글』, 제44집, 우리말글학회, 2008.12, 283-305면.

정종현, 「1940년대 전반기 이기영 소설의 제국주의적 주체성 연구」, 『한국근대문학연구』, 제7권 1호, 한국근대문학회, 2006, 121-151면.

질문 1

위 보기에서 제시된 [참고 문헌 1]을 보고 이 논문의 주제(제목)는 무엇인지 생각해 보자. 아래 예시 중 하나를 고르고, 참고 문헌이 논문의 주제와 어떤 관계가 있는지 생각해 보자.

1) 구어 부정 구문의 기능과 특성

2) 웹 말뭉치를 활용한 의미적 신어의 연구 동향과 쟁점

3) 한국어 정형 표현 선정의 기준과 쟁점

4) 상품평 텍스트에 나타난 감성표현 연구

 질문 2

위 보기에서 예시된 [참고 문헌1]과 [참고 문헌2]은 각각 언어학 분야 참고 문헌과 문학 분야의 참고 문헌의 예를 보인 것이다. 두 예를 비교해 보고 어떤 공통점과 차이점이 있는지를 살펴보고 논의해 보자. 그리고 자신의 학문 분야에서 주로 사용되는 참고 문헌의 양식이 이 둘 중 어떤 양식과 유사한지도 논의해 보자.

3. 배우기

1) 초록 작성하기

위에서는 논의된 초록과 참고 문헌과 관련한 대강의 형식적, 내용적 요건을 살펴보았다. 여기서는 실제 이러한 요건을 충족하는 초록과 참고 문헌을 작성하기 위해 실제 사례를 중심으로 주요 표현과 작성 방법을 살펴보기로 한다. 우선, 초록의 형식적인 요건과 주요 내용을 확인하고 이를 중심으로, 주요 표현을 살펴보자.

〈초록의 형식과 주요 요건〉
1) 유형: 국문 초록, 영문 초록
2) 분량: 학위 논문(200자 원고지 8-10장), 학술지 논문(200자 원고지 3-4쪽)
3) 구성: 초록 본문과 핵심어(주제어)
4) 초록의 주요 내용: 연구 목적, 연구의 대상과 방법, 연구의 결과와 의의

아래는 국문 초록의 예를 보인 것이다. 초록1, 초록2 각각을 살펴보고, 각 초록이 위의 〈초록의 형식과 주요 요건〉을 모두 갖추고 있는지 살펴보자.

초록 1 한중 사전의 연결어미 기술의 개선 방안에 대한 연구

이 연구의 목적은 현재 경북대학교 인문학술원에서 진행 중인 동아시아 목간사전 DB 구축 현황과 쟁점에 대해 논의하는 것이다. 동아시아 목간사전은 한국, 중국, 일본 등 동아시아 3국의 목간 텍스트에 포함된 고대 한자 어휘를 대상으로 한 역사 어휘 사전이다. 이 연구는 세 나라의 기초 어휘 자원 구축의 과정을 소개하기 위한 것으로, 연구의 논의 내용을 요약하면 다음과 같다. 2장에서는 목간 사전 편찬 과정과 방법론을 다룬다. 이를 위해 2.1에서는 사전의 사전적 특성과 편찬의 일부 문제를 논의하고 2.2에서는 동아시아 목간 사전 프로젝트의 전반적인 개요를 제시한다. 3장에서는 세 나라 언어의 특성을 고려한 사전 구조 설계의 쟁점을 논의하며, 거시구조와 미시구조로 구분하여 설명하기로 한다. 마지막으로 4장에서는 사전 DB 구축의 실제 과정을 소개하는데, 이를 통해 역사 사전, 다국어 사전으로서의 특성을 반영한 목간 사전의 의의와 필요성을 확인할 수 있다.

주제어: 목간, 목간 사전, 역사 사전, 다국어 사전, 사전 DB

초록 2 기사문과 댓글에 나타난 코로나 신어의 사용 양상과 사전학적 기술

본 연구의 목적은 다양한 웹 장르를 고려한 신어의 사전 기술을 위해, 신문과 댓글 각각에서 나타난 코로나19 신어의 출현 빈도 및 사용 양상을 살펴보는 것이다. 이를 위하여 본 연구에서는 기사문과 댓글을 중심으로 코로나19 말뭉치를 시기별로 구축하고, 연구 방법으로 기사문과 댓글 각각에 나타난 코로나 신어의 빈도와 고빈도 코로나 신어의 공기어를 분석하였다. 또 주요 사례 연구로서 고빈도 코로나 신어 'K-방역'의 말뭉치 빈도와 공기어 빈도를 분석하였다. 이를 통해 일반적인 신어 추출과 기술의 주요 대상인 기사

✏️ 초록의 주요 내용을 염두에 두고, 제시된 초록 두 편을 비교해 보자. 각각의 초록에 초록의 주요 내용이 어떤 표현으로 기술되어 있는지 살펴보자.

문과 댓글은 확연한 차이를 보이며, 대중의 언어로서 댓글 말뭉치가 가지는 가치와 한계를 확인할 수 있었다. 이 연구는 사전학적 관점에서 비전문가인 대중의 언어를 대표하는 댓글 자원이 사용자 언어 자원으로서 중요한 가치를 가진다는 것을 논의했다는 점에서 의의가 있다.

핵심어: 코로나19 신어, 코로나19 말뭉치, 신문, 댓글, 공기어

질문 1

두 초록은 같은 저자가 쓴 각기 다른 논문의 초록이다. 두 초록을 비교해 보고, 공통점과 차이점을 이야기해 보자. 그리고 자신이 선호하는 초록의 양식도 생각해 보자.

질문 2

효율적인 초록 작성을 위해, 자신이 작성한 논문의 서론과 연구 대상 및 방법, 결론 등에서 주요 문장을 분석하고 주요 표현을 초록 작성의 기초 자료로 활용해 보자. 만약 자신이 아직 작성한 논문이 없다면, 자신의 연구 주제와 가장 유사한 다른 저자의 논문 한 편을 선택해서 이와 같이 분석해 보자. 그리고 본래 저자의 초록과 자신의 초록을 비교해 유사점과 차이점을 비교해 보자.

2) 참고 문헌 작성하기

논문에서 독자들에게 참고 문헌을 제시하는 것은, 내가 이 논문을 작성할 때 어떤 문헌을 참고했는지를 보여주는 이상의 의미가 있다. 즉, 참고 문헌은 이 논문이 어떤 이론적 기반에서 작성되었는지, 어떤 선행 연구에 의지하거나 반대로 비판적으로 고찰하였는지를 보여주는 중요한 자료이다.

참고 문헌의 형식은 투고하는 학술지의 '논문 투고 규정'이나 해당 대학의 학위 논문의 규정에 명시되어 있다. 따라서 참고 문헌을 작성할 때는 각자의 학문 분야에 맞는 형식에 따라 쓰되, 투고하는 학술지나 학위 논문 규정을 반드시 따라야 한다. 일반적으로 참고 문헌 작성에서 유의할 사항은 다음 세 가지 정도로 요약할 수 있다. 첫째, 참고 문헌이 국문인지 영문, 중문 등 타 언어인지를 보고 해당 언어의 양식에 맞도록 작성한다. 둘째, 참고 문헌이 저서인지 학술지 논문, 학위 논문인지, 셋째, 단독 저술인지 공저 즉 공동 저술인지 등을 구분하여 작성한다. 아래는 대표적 예시를 보인 것으로, '한국사전학회' 홈페이지의 '논문 투고 규정' 내의 '(참고 문헌)' 항목이다.

⑥ (참고문헌) 논문의 마지막 부분에 참고문헌을 작성하여 첨가한다. 본문 마지막에서 두 줄을 띄고 '참고문헌' 또는 'References'를 중고딕체, 12Pt로 진하게 쓴 뒤 한 줄 띄고 목록을 작성한다. 구체적인 목록은 신명조 10Pt, 줄 간격 130%로 작성한다. 구체적인 표기법은 아래를 참고한다.

(ㄱ) 참고문헌의 수록 순서는 국한문 문헌(가나다순) 다음에 외국 문헌(알파벳순)을 싣는다.
(ㄴ) 참고문헌 표기는 다음과 같은 일반적인 약정에 따른다.
  저서 제목: 동양어권 - 『 』부호로 표시
  서양어권 – 이탤릭체로 표시
  논문 제목: 동양어권 -「 」부호로 표시
  서양어권 - " "부호로 표시
(ㄷ) '저자명(연도),「논문명」,『잡지명』권호수, 출판사(혹은 학회), 쪽 수'의 순서로 작성한다. 쉼표 뒤에 반드시 스페이스를 일 회 입력해야 한다. 또한 저자명 뒤에 마침표를 찍지 않고 스페이스 없이 ( )안에 발표된 연도를 표시한다. 마친 후에는 반드시 마침표를 찍는다.
(ㄹ) 한 저자가 같은 해에 두 개 이상의 저작을 발표했을 경우, 저작명 가나다순에 따라 강현화(2009ㄱ), 강현화(2009ㄴ)으로 표시하고 본문에서 인용할 때도 이 방식을 따른다.
(ㅁ) 학술지에 발표된 논문의 경우, 논문 제목은「 」안에, 학술지명은『 』안에 적고 출판사에는 학회 이름을 적는다.
(ㅂ) 쪽수를 명기할 때는 '-'을 사용하여 표기한다. 예를 들어, 7쪽에서 34쪽의 경우, '7-34'로 적는다.
(ㅅ) 정기적으로 발간되는 학술지나 호(號)수가 표기된 연속간행물에 실린 논문의 경우, '『 』' 안에 학술지나 연속간행물의 이름을 적고 그 뒤에 스페이스 없이 권수(호수)를 적는다. 권수만 있을 경우 권수만 적고 호수가 따로 있을 경우 권수 뒤에 괄호를 넣어 호수를 적는다. 제1집 1호의 경우는 1(1)이라고 적는다. 예시는 다음과 같다.
  [예시]
  남기심(1988),「국어 사전의 현황과 그 편찬 방식에 대하여」,『사전편찬학연구』1(1), 탑출판사, 7-34.
(ㅇ) 학위 논문의 경우는 다음과 같은 형식으로 작성한다.
  [예시]
  정승혜(1998),『외국인을 위한 국어 한자 교육 연구』이화여자대학교 석사학위 논문.
(ㅈ) 학술대회 자료집의 경우, 학술지의 기본 양식을 따르되 다음과 같이,『 』안에 학술대회명과 '발표 자료집'이라는 것을 명시한다.
  [예시]
  정영국(2009),「외국인 학습자를 위한 한국어 사전의 발전 방향」,
  『한국사전학회 15차 학술대회 발표논문집』, 한국사전학회, 27-39.
(ㅊ) 미출판 원고의 경우, 제목 뒤에 쉼표를 둔 다음에 '미출판'이라는 정보를 반드시 적는다.
(ㅋ) 사전의 경우, 단행본의 양식을 따른다. 다만, 본문에서 인용할 때 사전과 단행본을 구별하여 제시하기 위하여『 』기호 대신 <> 기호를 사용할 수 있다.
(ㅌ) 인터넷 자료의 경우, 책이나 학술지 등의 양식을 따르고 그 뒷부분에 자료를 구한 인터넷 사이트 주소를 명기한다. 예시는 다음과 같다.
  [예시]
  박약우(2000),「남북한 초등영어 교과서 비교」, http://www.kafle.or.kr.

〈그림 1〉 한국사전학회 논문 투고 규정 중 '참고 문헌' 항목

위에서 볼 수 있듯이, 일반적으로 국문은 영문보다 앞서서 제시되며, 저서와 정기적으로 간행되는 학술지 논문은 실제 참고 문헌에서 명확히 구분된다. 저서와 참고 문헌의 형식은 참고 문헌에서 매우 다른 부분이 많이 있는데, 논문의 제목과 책의 제목은 다른 부포로 제시되며, 학술지 논문의 경우는 해당 학술지의 권호수와 함께 쪽수가 반드시 명시된다. 물론 이러한 상세한 사항은 대부분 투고하는 학술지나 학위 논문의 규정에 따라 다소 달리 명시되어 있으니 투고하는 학술지의 규정에 맞도록 작성하는 것이 필요하다.

질문 3

다음의 참고 문헌 작성 방법을 고려해서, 참고 문헌을 작성해 보자. 투고하고자 하는 학술지나 학위 논문의 규정에서 참고 문헌의 작성 양식을 찾아보고, 이에 맞게 작성해 보자.

〈참고 문헌 작성 방법〉
1) 한글 논문과 외국어 논문의 순서 목록을 만든다.
2) 저자의 이름 순서대로 나열한다. 이때 동일한 저자의 참고 문헌이라면 연대 순으로 나열하되, 공저는 단독 저술이 먼저 나온 다음에 제시한다.
3) 학술지 논문과 책의 제목은 각기 다른 부호로 표시된다.
4) 웹사이트나 기사 등을 인용했을 경우, 저자의 이름과 날짜, 웹사이트나 기사 제목 등을 제시하고, http://URL을 밝힌다.

4. 해 보기

해 보기 1

초록의 작성은 주로 논문의 작성이 모두 끝나고 난 뒤, 논문의 주요 내용을 가지고 와서 작성하는 것이 효율적이다. 자신이 과거에 썼던 리포트나 논문 중 완성된 논문을 가지고 와서 초록을 작성해 보자.

해 보기 2

다음의 참고 문헌 형식 중 하나를 선택해서 자신이 작성하고 있는 논문의 참고 문헌을 작성해 보자. 그리고 참고 문헌 형식에 맞게 배열해 보자.

1) 저자(연도), 「논문 제목」, 『학술지명』 권호. 페이지 수. 학회 명
남길임(2017), 「한국어 부정 구문 연구를 위한 말뭉치언어학적 접근」, 『한국어의미학』 56. 135-159. 한국어의미학회

2) 저자, 「논문 제목」, 『학술지명』 권호. 학회 명, 연도, 페이지 수.
남길임, 「한국어 부정 구문 연구를 위한 말뭉치언어학적 접근」, 『한국어의미학』 56. 한국어의미학회, 2017. 135-159.

Q1. 초록의 내용이 서론이나 결론과 동일해도 괜찮을까요?

초록은 연구 목적, 연구의 대상과 방법, 연구의 결과와 의의 등을 주요 요소로 포함하므로 서론이나 결론과 유사한 내용이 포함됩니다. 그러나 정답부터 이야기하자면 초록을 쓸 때, 서론이나 결론의 내용을 그대로 사용해서는 안 됩니다. 초록은 논문 전반에 대한 요약이기도 하지만, 초록에서 사용되는 문체는 서론과 결론의 문체와 다르고, 일반적으로 현재형을 사용합니다. 또 내용을 훨씬 압축적으로 전달해야 하므로, 형식적인 측면과 내용적인 측면 모두에서 선호되는 양식이 있습니다. 본문의 '초록 작성하기'와 더불어 잘 작성된 초록 몇 편을 분석하면 좋은 초록을 작성하는 데 도움이 될 것입니다.

12장
제안과 발표

Point
1. 연구 주제와 내용을 적절한 방법을 사용해 제안서(계획서)로 만들 수 있다.
2. 연구 계획 또는 연구 결과를 적절한 형식으로 표현해 발표할 수 있다.

1. 들어가기

아래의 글은 제안서에 대한 설명이다. 제안서가 가지는 공통적인 특징을 정리하여 연구 제안서에 연결시켜 보자.

제안서는 논리적이고 객관적인 근거를 바탕으로, 제안을 수용하기를 바라는 대상을 설득하기 위한 글이다. 제안서를 작성하는 주체는 자신의 의견을 상대방에게 관철시키기 위한 목적으로 작성하므로, 제안서가 띠는 글의 목적은 '설득'이라 할 수 있다. 설득의 결과는 제안의 채택이다. 제시한 제안이 채택되려면 제안이 제안을 채택할 대상자의 마음에 들어야 한다. 따라서 제안서는 제안의 목적과 대상을 적절히 고려해야 하며, 다른 제안과 차별화되는 독창성과 함께 실현 가능성을 갖춰야 한다. 제안서의 유형과 구성, 표현 방식은 제안의 대상과 목적에 따라 달라진다. 제안서도 형식이 매우 중요한 글이다. 형식을 제대로 갖	✏️ 문단별 중심 문장 찾기

추면 제안의 설득력을 높일 수 있다. 연구 제안서의 일반적인 형식은 크게 1. 제안 배경 2. 제안 목적 3. 제안의 실현 방법(단계) 4. 기대 효과의 형식이다. 이 형식은 제안의 목적에 따라 가감될 수 있다. 그리고 제안의 주제와 내용에 따라 부각되어야 하는 부분에 차이가 있을 수 있다.

제안서는 설득적인 글이다. 따라서 논증이 분명하게 드러나야 한다는 점에서 논문과 같다. 제안의 설득 근거는 객관적이고, 타당해야 한다. 그러기 위해서는 실증적인 자료와 함께 객관적인 기술을 정확하게 기술하는 게 좋다. 예를 들어 'O이 X보다 매우 좋다.'라는 표현보다는 'O이 X보다 OO의 측면에서 OO% 긍정적인 효과를 나타내는 것으로 나타났다.'라는 기술이 제안서에 어울리는 기술이다.

질문 1

제안서의 특징을 위의 글을 바탕으로 정리해 이야기해 보자.

제안서의 정의	
제안서의 목적	
제안서의 특징	

질문 2

아래의 예시는 위의 제안서에 대한 설명글을 발표문으로 바꾼 글이다. 어떤 부분이 어떻게 바뀌었는지 이야기해 보고 나머지 부분도 발표문으로 바꿔 보자.

설명문	발표문
제안서는 논리적이고 객관적인 근거를 바탕으로, 제안을 수용하기를 바라는 대상을 설득하기 위한 글이다. 제안서를 작성하는 주체는 자신의 의견을 상대방에게 관철시키기 위한 목적으로 작성하므로, 제안서가 띠는 글의 목적은 '설득'이라 할 수 있다.	제안서는 언제 쓰는 글일까요? 제안서는 상대방이 나의 제안을 수용하게 하기 위해 쓰는 글입니다. 즉, 설득을 목적으로 하는 글이지요. 설득을 위해 필요한 조건은 논리적이고 객관적인 근거입니다.
제안서의 유형과 구성, 표현 방식은 제안의 대상과 목적에 따라 달라진다. 제안서도 형식이 매우 중요한 글이다. 형식을 제대로 갖추면 제안의 설득력을 높일 수 있다. 연구 제안서의 일반적인 형식은 크게 1. 제안 배경 2. 제안 목적 3. 제안의 실현 방법(단계) 4. 기대 효과의 형식이다. 이 형식은 제안의 목적에 따라 가감될 수 있다. 그리고 제안의 주제와 내용에 따라 부각되어야 하는 부분에 차이가 있을 수 있다.	
제안서는 설득적인 글이다. 따라서 논증이 분명하게 드러나야 한다는 점에서 논문과 같다. 제안의 설득 근거는 객관적이고, 타당해야 한다. 그러기 위해서는 실증적인 자료와 함께 객관적인 기술을 정확하게 기술하는 게 좋다. 예를 들어 '0이	

X보다 매우 좋다.'라는 표현보다는 'O이 X보다 OO의 측면에서 OO% 긍정적인 효과를 나타내는 것으로 나타났다.'라는 기술이 제안서에 어울리는 기술이다.

질문 3

위의 [질문2]에서 설명문을 발표문으로 바꿔 보았다. 설명문과 발표문의 공통점과 차이점을 아래 표에 정리한 후 이야기해 보자.

	설명문	발표문
공통점		
차이점		

2. 알아보기

1) 제안서의 구성과 형식

아래의 글은 대학생이 작성한 제안서의 예시이다. 이 글의 구조를 분석해 보자.

① 00대 인터넷 커뮤니티 자유 게시판에서 학부 수강 신청 기간쯤 가장 자주 보이는 말이 '수강 신청 실패'란 표현이다. 제안자도 지난 2학기의 수강 신청이 만족스럽지 못하였다. 실제로 에브리타임이라는 대학생 커뮤니티의 자유게시판에서 '수강 신청 실패'란 검색어를 입력해 보면, 1,000여 건이 넘는 글이 검색된다. 이를 근거로 제안자는 우리 학교 학생들 다수가 학교의 수강 신청 시스템에 불편을 경험하고 있다고 판단하였다. 이에 이 글에서는 (1) 00대의 수강 신청 시스템의 문제점의 원인을 파악하고, (2) 수강 신청 시스템을 개선하기 위해 K 마일리지 배팅 시스템을 제안하고자 한다. ② 00대의 수강 신청 시스템의 문제점을 파악하기 위해 필자는 00과 000명을 대상으로 설문 조사를 시행하였다. 설문 조사의 항목은 (1) 최근 2학기 수강 신청에 대한 만족 여부 (2) 수강 신청 바구니와 최종 수강 신청 결과의 일치 여부 (3) 수강 신청 바구니를 통한 특정 강좌 학생 선호도 파악 (4) 수요 대비 공급 부족에 대한 의견 (5) 해결책 제안 의 총 5항목이었다. (조사 결과 분석 설명) 조사 결과, (1)에 대해 000., (2)에 대해~~~~ (5)에 대해 000와 같은 결과가 도출되었다. 이러한 결과로 볼 때, 00대 수강 신청 시스템의 가장 큰 문제점은 학생들이 특정 강좌에 대한 수요가 높고, 이에 대한 공급 강좌의 수가 부족하다는 점이다. ③ 앞서 00대의 수강 신청 시스템의 문제점을 파악하였다. 파악 결	✏️ 예시 분석하기

과, 이 문제의 가장 큰 원인은 수요와 공급의 불균형이었다. 인기 강좌에 대한 수요는 많은데, 공급이 부족한 것이다. 공급을 늘릴 수 없는 상황이라면, 어쩔 수 없이 경쟁 논리가 필요하게 된다. 하지만 무한 클릭과 기다림을 통한 실패는 수요자의 불만만 가중한다. 이에 제안자가 제안하고자 하는 수강 신청 개선 시스템은 앞서 서론에서 언급한 K 마일리지 배팅 시스템이다.

④ K 마일리지 배팅 시스템은 수요자가 지난 학기 동안 누적한 자신의 노력의 결과인 K 마일리지를 이용해 자신이 듣고 싶은 강좌 신청의 우선 권리를 얻는 시스템이다. K 마일리지는 대학 생활 동안 진행하는 봉사 활동을 기반으로 누적되는 마일리지이다. 즉, 수요자가 노력한 결과인 것이다. 이와 비슷한 사례로 Y대의 마일리지 배팅 제도가 있다. 자신이 봉사 활동 등으로 누적한 마일리지를 이용해 자신이 수강하고자 하는 강좌의 우선 수강 권리를 얻는 것이다. 이 제도가 시행된 2019년 1학기 수강 신청 후, Y대 학생들의 수강 신청 만족도가 전년도인 2018년도의 000%에 비해 000% 높아졌다고 한다. 우리도 비슷한 제도인 K 마일리지 제도가 있으므로 기존의 제도를 이용해 수강 신청 시스템을 개선하면, Y대와 같은 효과를 누릴 수 있으리라 판단된다.

⑤ 지금까지 OO대의 수강 신청 시스템을 개선하기 위해 제안자가 제안한 'K 마일리지 배팅 시스템'의 제안 근거와 효과에 대해 설명하였다. 학생들의 좀 더 나은 학습 환경 조성을 위해 가장 우선적인 것이 수강 신청 제도의 개선이라고 생각한다. 이것은 바로 학습권을 보장하는 것이다. 제안자가 제안하는 이 시스템이 수강 신청 시 도입된다면, 현재 선착순 수강 꾸러미 중심의 수강 신청 시스템에 대한 학생 불만도를 Y대와 같이 낮추고, 학생들의 수강 신청에 대한 만족도도 제고할 수 있으리라 판단된다.

질문 1

위의 제안서를 구성하고 있는 문단(①~⑤) 서론-본론-결론으로 나누고, 각 부분의 중심 내용을 1~2문장으로 요약해 보자.

구성	해당 문단 번호	중심 내용 요약
서론		
본론		
결론		

질문 2

아래 표에 해당하는 부분을 위의 제안서에서 찾아 써 보자.

제안서의 구성 요소	해당 내용
문제 현황(제안 제기 배경)	
제안	
제안 근거	
기대 효과	

2) 연구 제안서의 실제[16]

아래의 예시는 박사 과정에 재학 중인 유학생이 작성한 연구 제안서의 제목과 목차이다.

제안 제목: 중국어 신어의 단어 형성과 사회·문화적 특징
-2017·2018년 신어를 중심으로-

✏️ 예시 분석하기

〈목차〉
1. 연구 배경 및 목적
2. 선행 연구 검토
3. 연구 내용
4. 연구 방법 및 연구 추진 전략
5. 기대 효과
6. 연구 추진 일정
7. 참고 문헌

질문 1

아래에 제시한 글은 위의 목차 중 한 부분에 해당하는 글이다. 목차의 어느 부분에 해당하며, 어떤 내용을 다루고 있는지 분석해 보자.

  본고는 계량적 분석을 바탕으로 두고 2017·2018년의 중국어[17] 신어의 단어 형성을 살펴보고, 나아가 신어에 반영되는 사회·문화적 특징을 분석하고자 한다.
  중국어 신어의 조어론적 특징에 대한 기존 연구들이 대부분 다양한 조어 방식을 똑같이 취급하여 다루었기 때문에 중국어 신어의 조어론적 특징이 분명하지 않음을 보인다. 따라서 대량의 신어를 대상으로 그들의 조어 방법을 세분하고 계량적으로 분석하여 중국어 신어의 조어론적 특징을 보다 면밀하게 고찰하는 연구가 필요하다.

또한, 중국어 신어와 사회·문화에 관한 연구는 대부분 특정 부류의 신어를 한정하거나 정치, 경제, 기술 등 분야에 집중하여 논의되어 왔다. 특정 부류의 신어를 한정하거나 고정된 틀에서 신어의 사회·문화적 특징을 살펴보면 신어에 반영한 그 나라의 사회문화 양상의 전모를 보여주지 못한다. 이러한 점에서 볼 때 대량의 신어를 수집하여 이들의 사용 분야를 분류하여 계량적으로 분석할 필요가 있다.

목차의 해당 부분	
위와 같이 판단한 근거	

질문 2

아래에 제시한 글도 위의 목차 중 한 부분에 해당하는 글이다. 어느 부분에 해당하며, 어떤 내용을 다루고 있는지 분석해 보자.

2005년부터 중국 교육부와 국가 언어 작업 위원회는 매년 『중국 언어생활 상황 보고서』(그린 책)를 발간했으며, 이는 국가 언어위원회가 편찬한 최초의 언어생활 책이다. 2016년에는 『중국 언어문자 정책연구 발전 보고서』(블루 책), 『세계 언어생활 상황 보고서』(황색 책), 그리고 2017년에 『중국 언어문자 사업 발전 보고서』(흰 책)가 발표되었다. 그린 책은 주로 주요 사건, 주요 이슈, 다양한 설문 조사 보고서 및 중국어 생활의 실제 데이터를 반영하여 언어 연구 및 언어 정책에 대한 참조 및 서비스를 제공한다. 흰 책은 주로 중국어 언어문자의 정책을 홍보하고 데이터에 의해 중국 언어문자 사업의 발전과 성과를 기록한다. 블루 책에는 주로 중국 언어에 대한 계획 및 관련 학술 연구의 실제 상황이 반영되어 있으며 이 분야의 연구에 대한 의견과 지침이 있다. 황색 책은 주로 세계 각국 및 국제 조직의 언어생활을 소개하고 중국의 언어 관리 및 언어 정책 연구에 대한 참고 자료를 제공한다.

2005년에 '자국어 자원 모니터링 및 연구의 오디오 미디어 센터'가 설립되었다. 이는

'교육부 언어문자 정보관리사'와 중국 통신 대학교가 공동으로 설립한 연구소이다. 센터설립 이후, 오디오 미디어 언어의 조사 및 연구에 집중해 왔다. '중국 언어생활에 관한 그린 책'과 중국 매체에서 가장 인기가 있는 10개의 단어를 발표하는 데 참여한다. 그리고 연간 책『한어 신어(汉语新词语)』(2007-2018) 등을 편집하고 출판하였다. '자국어 자원 모니터링' 코퍼스의 연도 코퍼스에서는 기계에 의해 추출되어 수동으로 확인된 후에, 전문가들은 여러 단계의 검토를 하고 중국어의 연도 신어를 선정한다. 2007년부터 해마다 상무인서관(商务印书馆)에서 전년도의 신어 자료집을 출판하고 있다[18]. 『한어 신어』의 어휘 항목은 음의 순서에 따라 배열하며, 구체적으로 '알파벳으로 시작하는 단어, 아라비아 숫자로 시작하는 단어, 한자로 구성된 단어'의 순으로 정렬된다. 어휘 항목은 '중국어 표음 정서법의 기본 규칙'에 따라 음을 표시되어 있다. 아라비아 숫자, 로마 문자 및 기타 문자가 직접 나열되어 있으며 표음되지 않는다. 경성 글자는 성조를 표시하지 않는다. 대부분 두 글자 단위는 단어로 취급되며 품사를 표시한다. 상황에 따라 세 글자 단위는 단어로 간주될 경우 품사를 표시된다. 구로 간주될 경우 품사를 표시하지 않는다. 네 글자 이상의 단위는 일반적으로 단어로 간주되지 않으며 품사를 표시하지 않는다. 의미적 신어 혹은 새로운 용법을 가진 신어는 표제어 왼쪽 상단에 '*'를 표시하여 구별한다.

본고는 상무인서관에서 발행한 〈汉语新词语(한어 신어)2017〉, 〈汉语新词语(한어 신어)2018〉을 이용하여 이들 책에서 수록한 신어를 연구 대상으로 한다. 계량적 분석을 통해 중국 2017·2018년 신어의 조어론적 특징과 신어에 반영하는 사회·문화적 양상을 살펴본다.

목차의 해당 부분	
위와 같이 판단한 근거	

질문 3

위의 질문1과 2의 글에 대해 아래의 질문에 답해 보자.

제안서의 구성 요소	해당 내용 요약
제안 목적	
제안 배경	
제안	
제안 근거	

3. 배우기

1) 발표 계획서 작성

배우기 1

아래는 발표할 때 고려해야 할 요소들이다. 발표할 때 고려해야 할 요소들을 선정해 자신의 상황에 맞춰 고쳐 써 보자.

발표 할당 시간	1. 발표 할당 시간에 따라 발표 분량을 적절하게 조절해야 한다. 2. 도입-전개-결말의 구조를 고려해 발표 시간을 적절히 구성해야 한다.
발표 방법과 보조 자료	3. 발표는 음성 언어가 주요 전달 매체라는 점을 반드시 고려해야 한다. 발표에서 가장 중요한 것은 중요한 것은 발표 자료가 아니라 발표자이다. 4. 발표 보조 자료를 사용하면 청중의 이해를 높일 수 있다. 발표 보조 자료의 사용 계획을 적절히 세워 발표를 듣는 청중의 이해를 도와야 한다.

	5. 슬라이드를 발표 보조 자료로 사용할 경우, 발표 시간 1분에 슬라이드 1장이 적절하다. 6. 슬라이드에 문장을 제시할 때에는 5줄 이상은 지양해야 한다. 7. 슬라이드에 제시할 그림이나 사진은 고해상도를 사용하는 것을 권장하며, 청중이 보기에 또렷해야 한다. 또한 슬라이드 1장에 1개 정도의 그림이나 사진이 적절하다. 8. 발표 보조 자료에서 사용되는 각종 효과는 적절한 수준이어야 한다(슬라이드의 경우, 과도한 애니메이션이나 지나치게 다양한 글꼴과 색상은 지양해야 한다.) 9. 발표자가 음성 언어로 제시(설명)하는 내용을 발표 보조 자료에서 다시 반복할 필요가 없다.
청중	10. 나의 발표를 들을 사람(청중)이 누구인지, 청중의 규모는 어느 정도인지를 발표 준비 또는 계획 단계에서부터 파악해야 한다. 11. 청중을 고려해 발표 자료의 어휘와 문장 표현 수준을 조절해야 한다. 12. 청중의 발표 주제에 대한 이해의 정도, 친밀함의 정도, 감정(긍정적, 부정적, 중립적 등)을 고려해야 한다.
나의 경우는 어떠한가?	

💡 배우기 2

앞서 제시한 [분석하기]의 제안서 또는 자신의 연구 제안서를 바탕으로 아래의 표에 따라 발표 계획을 짜 보자.

발표 계획서			
발표 주제			
발표 제목			
발표 목적			
청중의 특징과 규모			
발표 할당 시간			
발표 전략	발표 보조 자료		
	발표 방법		
	사용할 미디어		
	기타		
발표 개요	구성 단계	요약	참고
	도입(분)		
	전개(분)		
	결말(분)		

2) 발표 보조 자료의 작성과 발표

배우기 3

아래의 발표 원고 예시를 참고해 (1) 해당 발표 원고에 필요한 발표 보조용 슬라이드의 구성 요소를 빈칸에 계획해 보자. 그리고 (2)에서는 자신의 발표 원고에 적합한 발표 보조용 슬라이드를 구성해 보자.

(1)	슬라이드 구성	발표 원고
		20??년 1학기 글쓰기 첨삭지도 시행 결과, 글쓰기 상담 건수는 기존 1,000 건에서 3,276건으로 크게 상승했습니다. 1인당 평균 20여 건에서 136건으로 증가한 것입니다.

(2)	슬라이드	발표 원고

4. 해 보기

해 보기 1

지금까지 작성해 본 자신의 연구 계획서를 제안서의 형식으로 다듬어 보자.

해 보기 2

작성한 제안서를 발표를 위한 원고로 변환해 보고, 필요한 발표 보조 자료를 추가하여 자신의 연구 제안서를 발표해 보자.

주석

1 출처: 엄재근(2017), 『초보 연구자를 위한 논문 쓰기 가이드』 중 '배봉옥의 박사 과정 도전부터 학위 수여까지 에피소드 10가지', 서울 경제 경영 출판사.

2 참고: 대학원생 때 알았으면 좋았을 것들, https://gradschoolstory.net/yoonsup/first-research-subject/

3 안미애(2015), 한국어 낭독체의 운율구 형성 및 음조 실현 양상 연구-인도네시아인 한국어 학습자를 중심으로, 『어문론총』 63호, 한국문학언어학회.

4 출처: 배재덕(2010:186), 사회 복지 조사에 있어서 질적조사의 타당도 확보에 관한 연구, 『사회복지지원학회지』 5(1), 한국사회복지지원학회.

5 전정화, 엄태완(2016), 중년여성의 가족갈등 경험에 관한 질적 연구, 『인문사회21』 7(6), 아시아문화학술원, 227-244.

6 안미애(2021), 대학생의 디지털 기반 미디어 리터러시에 대한 태도와 행동 연구: 미디어 리터러시에 대한 인식과 활용 양상을 기반으로, 『문화와융합』.

7 이 논문은 외국인 유학생인 칸 앞잘 아프메드 박사의 논문을 일부 인용한 것임. 내용의 이해와 실제 각주의 쓰임을 확인하기 위해 논문에 원래 달린 각주를 유지하였으며, 원문을 수정하지 않았음. 칸 앞잘 아흐메드(2016), 최인훈의 〈가면고〉에 나타난 가면의 의미, 『한국학』 39(2), 한국학중앙연구원, 107-128.

8 Majumdar, R. C., Ancient India (Motilal Banarsidass Publishers Private Limited Delhi, 1977), pp. 28-29.

9 『베다』에 좀 더 자세하기 알기 위해 Majumdar, R.C., Ancient India(1977) 위의 책 33쪽-42쪽 참조.

10 김형준, 『이야기 인도사』 (청아출판사, 2006), 81쪽.

11 카스트 제도의 형성 과정을 이해하기 위해 Majumdar, R.C의 Ancient India의 87쪽 참조.

12 Chakarvarti, K. C., Ancient Indian Culture and Civilization (Vora & Co., Publishers, Limited, Bombay, 1952), p. 101.

13 자이나교는 신의 존재를 인정하면서도 신을 자아(Jiva)보다 낮은 위치에 두었으며 희생제와 같은 브라흐마교의 행위는 해탈에 도움을 줄 수 없으며 오직 '올바른 지식, 행위, 믿음'만이 진정한 깨달음을 얻을 수 있다고 주장했다. 인도의 고대 언어에서 Jīva(지바)는 자아의 뜻이며, 궁극적 '영혼'이라는 의미를 가지기도 한다. '지바'의 개념은 또한 한국의 신교(神敎)에서 말하는

신(神) 문화와 비슷한 형태에 비유될 수 있다. 이와 비슷하게 고타마 붓다는 모든 근본적인 괴로움과 불행을 초래한 욕망 및 집착을 해소하려면 베다를 창조한 브라흐마교의 미신보다 이성과 자기 경험을 통해 논리적으로 사고해야 한다고 주장하였다. 고타마 붓다는 '팔정도'라는 8가지의 올바른 삶의 방법을 제시하기도 하였다. 그 8가지의 올바른 방법이란 우선, 올바르게 볼 줄 알아야 한다(正見). 그래야만 올바르게 생각할 수 있다(正思). 이 두 가지를 토대로 올바른 말(正言)과 행위(正行, 正業)를 함으로써 올바른 생활(正命)을 영위해야 한다. 끊임없이 올바른 노력(正精進)과 올바른 마음가짐(正念), 올바른 정신집중(正定)이 필수적이다. 이 여덟 가지 방법을 올바로 실천할 수만 있다면 인간은 누구나 깨달음을 얻어 완전한 자유 혹은 해탈의 즐거움을 누릴 수 있다는 것이 고타마 붓다의 기본적인 가르침이다.

14 이상갑은 기존에 흔히 「광장」-「구운몽」-「회색인」-「서유기」의 순으로 의미를 파악하는 것과 달리 「가면고」-「광장」의 방향으로 최인훈 문학의 근원을 분석한 바가 있었다. 그는 「가면고」의 창작원리가 「광장」의 개작방향을 제시해주며 최인훈 문학의 원형을 보여주었다고 주장했다. 이상갑, 「「가면고」를 통해서 본 「광장」의 주제의식」, 『한국문학이론과 비평』 제7집 (한국문학이론과 비평학회, 2000), 79쪽.

15 김규리, 김영주(2020), 한국어 교사의 외국어 학습 경험이 교사 실행에 미치는 영향에 대한 질적 연구, 『외국어로서의 한국어 교육』 59, 연세대학교 언어연구교육원 한국어학당, 1-28.

16 이하에 예로 든 제안서는 2020년 1학기 당시 경북대학교 국어국문학과 중국인 박사 과정 수료생 푸량의 2020년 1학기 BK 교육 연구 사업단 연구 계획서임.

17 이 연구에서 '중국어'는 중국의 공용어(官方語言) '한어(汉语)'를 가리킨다.

18 阚晓萌(2019:2)에 따르면 2005년부터 국가 언어문자 작업 위원회가 "新词语编年本(신단어편년본)"이란 작업을 시작하였다. 학자들의 인공 식별과 컴퓨터 자동 추출을 통해 대량의 단어를 처리하고, 새로운 의미와 사용 빈도를 기준으로 하여 연도 신어를 선정한다고 하였다.

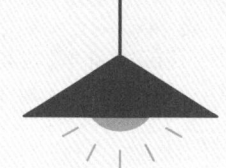

부록

연구 계획서 양식과 유학생이 실제로 작성한 연구 계획서를 부록으로 제시한다.

1) 유학생이 쓴 연구 계획서를 보고 장단점을 분석해 보자.
2) 자신의 주제로 연구 계획서를 작성해 보자.

1. 연구 계획서 양식

2. 연구 계획서 예시*

R. D. (인도네시아, 계획서 작성 당시 박사 수료)
F. L. (중국, 계획서 작성 당시 박사 과정))

---

* 작성자의 이름은 영문 이니셜로 처리함. 연구 계획서의 활용은 사전에 동의를 받았으며, 제3자가 사용하는 것을 금지함.

[연구 계획서 양식 예시1] BK21 교육 연구단 연구 논문 계획서

| 글로벌 시대의 지역 문화어문학 교육연구단 | 2021년도 참여대학원생 연구논문계획서 공모전 |

연 구 논 문 계 획 서

관리번호	※기재하지 마십시오.	분과	☐ 국어학
			☐ 고전문학
			☐ 현대문학
			☐ 융합
연구과제명	국 문		

〈목차〉

※ 파란색 글자 및 박스는 지우고 기술
※ A4 10쪽 이내로 기술(분량 산정에서 목차 및 참고 문헌은 제외)
※ 제목 12포인트, 본문 11포인트, 줄간격 180% 작성 권장

1. 연구 배경 및 목적

2. 선행연구 검토

3. 연구 내용

4. 연구 방법 및 연구 추진 전략

5. 기대 효과

6. 연구 추진 일정

7. 참고문헌

[연구 계획서 양식 예시2] 한국 연구 재단 박사후 과정 연구 계획서 예시

연 구 계 획 서

사업명	2016년 박사후국내연수 1년형( )
	2016년 박사후국내연수 2년형( )
연구과제명	국 문	
	영 문	
연수대학(기관)	
연수기간	

〈목차〉

Ⅰ. 연구요약 ··

Ⅱ. 연구내용 ··

  1. 연수의 목적 및 필요성 ···

  2. 연구의 내용, 방법, 범위 ···

  3. 연수기관 및 지도교수의 우수성, 연수과제와의 적정성 ···············

  4. 연수과제의 국내·외 연구동향(연구배경) ··························

  5. 연수결과에 대한 기대효과 및 활용방안 ·····················

  6. 추진일정 ···

  7. 참고문헌 ···

Ⅰ. 연구 요약

연구목표 (한글 2000자 이내)	
기대효과 (한글 2000자 이내)	
연구요약 (한글 2000자 이내)	
키워드(Keyword)(한글)	
키워드(Keyword)(영어)	

Ⅱ. 연구내용

1. 연수의 목적 및 필요성
   가. 연수의 목적
   나. 연수의 필요성

2. 연구의 내용, 방법, 범위
   가. 1년차 연수의 내용, 방법, 범위
   나. 2년차 연수의 내용, 방법, 범위

3. 연수기관 및 지도교수의 우수성, 연수과제와의 적정성

4. 연수과제의 국내외 연구동향(연구배경)

5. 연수결과에 대한 기대효과 및 활용방안

6. 추진일정

1차년도 과제목표		
기 간 (추진년월)	내 용	비 고
		개월
		개월
		개월
		개월

7. 참고문헌

⟨연구 계획서 실제 사례1: R. D., 인도네시아⟩

영남지역 문화어문학 연구 인력 양성 사업단	2020년도 참여대학원생 연구논문계획서 공모전

연 구 논 문 계 획 서

관리번호	※기재하지 마십시오.	분 과	✔ 국어학
			☐ 고전문학
			☐ 현대문학
			☐ 융합
연구 과제명	국 문	찌아찌아어의 부리 월리오 표기와 한글 표기에 대한 대조 연구	

⟨목차⟩

1. 연구 배경 및 목적

2. 선행연구 검토

3. 연구 내용

4. 연구 방법 및 연구 추진 전략

5. 기대 효과

6. 연구 추진 일정

7. 참고문헌

1. 연구 배경 및 목적

인도네시아 내에는 소수 민족들이 매우 많아 약 250가지 언어가 존재한다. 그 중에는 찌아찌아어가 있다. 찌아찌아어는 인도네시아, 술라웨시 주, 부톤 섬 남부의 바우바우 시에서 쓰는 언어의 하나로서 말 그대로 소수 부족인 찌아찌아족이 쓰는 언어이다. 찌아찌아족의 인구는 약 6만 명 정도이며 민족 고유의 언어를 가지고 있으나 그들에겐 음성 언어는 있어도 고유의 문자가 없었기 때문에 부리 월리오(아랍 문자에 기초한 문자), 로마자, 그리고 한글 등의 다른 민족 언어의 문자를 빌려 사용해 왔다. 본 연구에서는 찌아찌아어의 아랍 문자 표기와 한글 표기에 대해서 같이 살펴보며 찌아찌아어의 아랍 문자와 한글 표기의 유사점과 차이점을 규명하고자 한다. 또한 본 연구를 통해 찌아찌아어의 표기 관점에서 살펴볼 수 있는 아랍 문자와 비교할 때의 한글 우수성을 밝혀 보고자 한다.

근대 시대(15세기~19세기)의 인도네시아에는 이슬람이 광범위하게 유입된 시기라 술라웨시 주, 부톤 섬을 비롯한 인도네시아의 전지역에는 거의 이슬람의 영향을 많이 받았다. 이슬람 문화는 문자사용의 변화에도 영향을 주었다. 이슬람 경전(Quran)을 번역하기 위해 민족어에 맞는 아랍 문자의 별종이 많이 나타나게 되었다. 처음에는 아랍 만자 사용은 경전 번역 목적으로 사용되었으나 아랍어 외래어가 많이 도입했음에 따라 많은 민족어를 표기할 때도 아랍 문자를 사용하게 되었다. 찌아찌아어를 비롯한 인도네시아에 많은 민족 언어들을 표기하기 위해 아랍어 문자를 바탕으로 만든 문자들을 탄생시켰다. 전태현, 조태영(2012)에 따르면 그 당시에 민족 언어를 표기하기 위한 아랍 문자의 별종이 많이 있다고 했다. 즉, 말레이어를 표기한 자위(Jawi) 문자, 자와(Jawa)어와 마두가(Madura)어를 표기한 페곤(Pegon) 문자, 그리고 부기스(Bugis)어와 마카사르(Makasar)어를 기록한 세랑(Serang) 문자, 그리고 찌아찌아어를 표기한 부리월리오(Buri Wolio) 문자 등이 있다.

그 다음에 19세기에 들어와 일본이 인도네시아를 점령했다. 일본이 인도네시아를 점령하는 동안에는 1942년부터 1945년 사이에는 아랍 문자의 사용을 금지하게 만들었다. 인도네시아가 독립하고 난 다음부터는 문자가 없는 찌아찌아어는 로마로 표기하기도 하며 소멸 위기에 처한 상태였다. 바우바우 전 시장인 아미룰 타밈 (Amirul Tamim)에 따르면 찌아찌아어를 기록해줄 수 있는 적절한 문자는 없는 것이 찌아찌아어의 소멸 원인 중의 하나라고 했다. 찌아찌아어를 보존하기 위해 2009년에 표기 문자로 제안되었으며 바우바우시가 찌아찌아어를 표기하는 문자로 한글을 도입하게 되었다.

언어와 문자마다 특징을 가지고 있기 마련이다. 문자를 가지고 있는 언어가 있으나 문자를 가지고 있지 않는 언어도 많다. 문자가 없는 언어를 표기하기 위해 다른 언어의 문자를 빌려 사용하는 것이 일반적이다. 다른 언어의 문자를 차용할 때 원래 없었던 자모나 원칙을 새로운 창작하기도 한다. 찌아찌아어의 아랍 문자와 한글 표기에도 부리월리오 문자와 한글에 없는 새로운 것들을 찾아 볼 수 있다. 본 연구를 통해 두 문자의 표기를 대조할 수 있을 뿐만 아니라 찌아찌아어를 보존하기 위한 문자 표기의 특징도 살펴 볼 수 있다.

2. 선행연구 검토

한글이 찌아찌아어 표기 문자로 차용되기 전에는 찌아찌아어에 대한 관심을 갖는 사람들이 인도네시아 언어 학자 밖에 없었는데 2009년부터는 한국을 비롯한 다른 나라에 찌아찌아어에 대한 연구가 나타나기 시작되었다. Mustafa Abdullah d.k.k (1991)는 인도네시아의 교육 문화부에서 지원을 받은 찌아찌아어 최초의 연구라고 할 수 있다. Mustafa Abdullah d.k.k (1991)에서는 찌아찌아어를 음운론적, 형태론적과 통사론적인 면에서 살펴본 찌아찌아어의 연구이다. 음운론적 연구 부분에서는 찌아찌아어의 모음, 자음 체계를 기술 하며 찌아찌아어 어휘에 자모의 분포 및 찌아찌아어의 음절 구성을 살펴본 것이다. Mustafa Abdullah d.k.k (1991)에 따르면 찌아찌아어의 단모음은 한국어의 단모음보다 상당히 단순하고 음소로 나타내는 단모음의 수도 더 적다. 찌아찌아어 단모음은 일반적으로 기본 모음인 /a/, /i/, /o/, /u/, /e/ 가 있다.

찌아찌아어의 자음도 한국어와 마찬가지로 19개로 보고 있다. 이를 조음 위치에 따라 양순음, 순치음, 치경음, 경구개음, 연구개음, 후두음의 6개로 분류하고 있다. 양순음에는 /b, p, m, ɓ/가 있고, 순치음은 /v/가 있고 치경음에는 /d, ɗ, t, s, r, l, n, /이 있다. 경구개음에는 /dz, tɕ/가 있고, 연구개음에는 /g, k, ŋ /가 있으며, 후두음에는 /h, ʔ/이 있다. 이 자음들은 조음 방식에 따라 장애음과 공명음으로 나눌 수 있다. 장애음의 하위 부류는 파열음, 마찰음과 파찰음으로 분류할 수 있는데 이들 세 부류의 하위가 각각 후두 자질의 대립으로 '유성음과 무성음'의 이지적 상관속을 이루고 있다. 한편 공명음에는 비음과 유음이 있는데, 유음은 설전음과 측음으로 구별된다. 찌아찌아어에는 제일 눈에 띄는 것은 내파음(implosive)[1]이 있는 것이다. 내파음은 성문 들숨의 발동 과정으로 산출되는 성문 들숨소리이다.

찌아찌아어의 자모는 한국어와 대조하는 연구도 찌아찌아어 부분은 주로 Mustafa Abdullah d.k.k (1991) 바탕으로 기술한 것이다. 김보경(2012), 전태현, 이호영(2009), 전태현(2010) 등에 따르면 찌아찌아어의 단모음은 한국어에 대응이 안 되는 모음이 없다고 하며 찌아찌아어 모음을 표기하기 위해 한글이 적합하다고 언급했다. 찌아찌아어의 모음은 혀 위치와 혀 높이에 따라 한국어의 모음과 대응시켜 보면 찌아찌아어의 /i/는 /ㅣ/에, /e/는 /ㅔ/에, /a/는 /ㅏ/에, /u/는 /ㅜ/에, /o/는 /ㅗ/에 대응이 된다고 볼 수 있다. 따라서 찌아찌아어의 한글 표기에도 찌아찌아어의 모음과 대응이 되는 한글 모음으로 표기한다. 다음은 이호영, 황효성, 아비딘 (2009)에서 언급된 모음의 한글 표기이다.

찌아찌아어 모음	[a]	[e]	[i]	[o]	[u]
한글 표기	ㅏ	ㅔ	ㅣ	ㅗ	ㅜ	ㅡ

〈표 1〉 찌아찌아어 모음의 한글 표기체계

---

1   내파음(implosive)은 세계 언어의 약 10% 정도에 나타나는 소리로 유성음으로 나타나는 것이 일반적이다. 내파음을 낼 때 가장 중요한 것은 구강의 어느 한 부분을 폐쇄한 뒤, 성문 상압을 낮게 만들기 위해 후두를 빠르고 힘 있게 끌어내리는 일이다. 낮은 기압은 구강을 개방하기 전까지의 짧은 시간 동안 유지된다. 이러한 상태에서 구강 폐쇄를 개방하면 대기와 구강내의 압력 차이로 인해 구강 안으로 외부의 공기가 흡입된다. (신지영 2014 : 41)

자음의 경우에는 찌아찌아어에 존재하는 자음이 한국어에는 존재하지 않는 경우도 있다. 먼저 찌아찌아어는 한국어와 달리 내파음이 있다. 즉 /ɓ/와 /ɗ/이다. 내파음은 파열음을 조음할 때 조음의 3단계인 폐쇄단계·지속단계·파열단계 중 파열단계를 생략하여 조음하는 소리라고 이야기한다. 한국어에 성문파열음 [ʔ]도 없다. 찌아찌아어에서 성문파열음 [ʔ]는 모음으로 시작하는 음절 앞에 종종 삽입되는데, 성문파열음이 들어가야 할 곳에 들어가지 않으면 어색하다고 느끼기는 하지만 의미 전달에는 지장이 생기지는 않는다. 유성 순치 마찰음 /v/는 찌아찌아어에만 있다. 지금들어서 /v/는 종종 [w]로 약화되기도 한다. 그리고 치조경구개 파찰음 /tɕ/와 /dʑ/가 있는데 한국어 /ㅉ/과 /ㅈ/에 대응할 수 있다. 찌아찌아어에는 탄음flap) /ɾ/와 설측음 /l/이 대립하는데, 탄음 /ɾ/는 인도네시아어의 영향으로 간혹 굴림 소리(trill) [r]로 발음되기도 한다. 다음은 전태현(2010)에 따른 찌아찌아어 자음의 한글 표기체계이다.

	양순음		순치음	치경음		경구개음		연구개음		후두음
파열음	[p] ㅃ	[b] ㅂ		[t] ㄸ	[d] ㄷ			[k] ㄲ	[g] ㄱ	[ʔ] 열린 히읗 (ㆆ)
내파음		[ɓ] ㅍ			[ɗ] ㅌ					
마찰음			[v] 순경음 비읍 ㅸ	[s] ㅅ						[h] ㅎ
파찰음						[tɕ] ㅉ	[dʑ] ㅈ			
비음	[m] ㅁ			[n] ㄴ				[ŋ] ㅇ		
탄음(flap)						[ɾ] ㄹ				
설측음						[l] 쌍리을 ㄹㄹ				

〈표 2〉 찌아찌아어 자음의 한글 표기 체계표

찌아찌아어의 문자 표기를 연구하기 위해 찌아찌아어의 음운론적인 연구 뿐만 아니라 찌아찌아어에 대한 문자 연구도 살펴볼 필요가 있다으나 찌아찌아어 아랍 문자를 집중적으로 연구하는 연구는 많이 없다. La Niampe(2012)에서는 부턴 완국에서의 사용한 월리오 언어를 살펴봤으나 그 안에 부리 월리오 문자에 대한 논의가 있다. La Niampe(2012)에 따르면 부리 월리오 문자는 22 개 자음과 5 개의 단모음과 3개의 장모음을 가지고 있다. 부리 월리오 자음의 경우에는 17 개 아랍 자음와 5 개 카위(kawi) 문자로 구성되었다. 모음의 경우에는 3 개의 아랍 모음과 2 개의 새로 창작한 모음이 있다. La Niampe(2012)에 따른 부리 월리오 문자는 다음 〈그림 1〉과 같다.

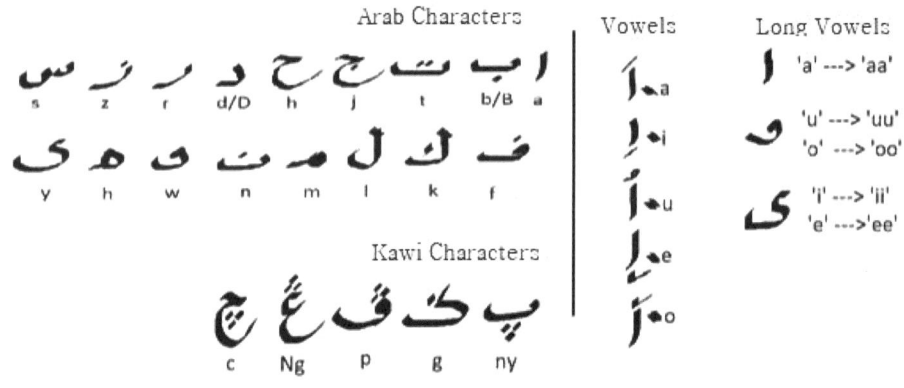

〈그림 1〉 부리 월리오 문자

지금까지 한국에 이루어진 찌아찌아어의 연구는 김보경(2012), 전태현, 이호영(2009), 전태현(2010), 전태현(2011), 전태현, 조태영(2012) 등이 있는데 이 가운데 찌아찌아어 표기 관점에서 다른 문자보다의 한글의 우수성에 대한 논의가 아직까지는 없다. 본 연구를 통해서 찌아찌아어의 아랍 문자 표기와 한글 표기에 대해서 같이 살펴보며 아랍 문자보다의 한글 우수성에 대한 논의를 하고자 한다.

3. 연구 내용

본 연구의 내용 구성은 연구의 본론을 논의하기 전에 본 연구의 배경 및 목적부터 기술하고 찌아찌아어의 대한 소개를 언급한다. 선행 연구 부분도 이 찌아찌아어의 대한 소개에 들어갈 것이며 찌찌아찌아어에 대한 기초적인 정보와 찌아찌아어의 모음과 자음을 비롯한 음운론적 특징을 같이 제시할 수 있다. 그리고 찌아찌아어의 아랍 문자 표기와 한글 표기를 하나씩 기술하고 난 다음에 두 문자 표기에 대한 대조도 기술하고자 한다. 본론에 들어가면 두 문자 표기 대조 결과를 바탕으로 찌아찌아어 표기에는 한글과 부리월리오의 장단점을 대조할 것이다.

1. 들어가며
2. 찌아찌아어의 음운론적 특징
3. 찌아찌아어의 무리월리오 문자 표기와 한글 표기 대조
4. 찌아찌아어 표기에 부리월리오와 한글의 장단점 대조
5. 결론
6. 참고문헌

4. 연구 방법 및 연구 추진 전략

본 연구를 위해 두 가지 자료 수집을 진행하기로 했다. 즉 아랍 문자 표기에 대한 자료 수집과 한글 표기에 대한 자료 수집으로 진행한다. 자료 수집은 한국어와 찌아찌아어에 대한 논문이나 책, 또는 찌아찌아어의 한글 표기법에 대한 연구와 아랍 문자의 표기에 대한 연구, 등을 수집하고 정리하고자 한다.

자료 수집 후 찌아찌아어의 특성부터 살펴 볼 것이고 그 다음에는 두 문자를 통해 찌아찌아어의 특성을 어떻게 들어내는 지를 규명하고 대조를 한다. 대조 할 때 두 문자사용의 장단점을 살펴보면서 부리 월리오 문자에 비해 한글의 장점을 제시하고자 한다.

5. 기대 효과

찌아찌아어, 한국어와 아랍어의 모음, 자음 및 음절 구조가 다른 것을 확인할 수 있다. 세 언어의 차이로 인해 찌아찌아어의 부리 월리오 표기와 한글 표기에 유사점과 차이점이 있는 것으로 추측이 가능하다. 자음과 모음의 특성을 보면 아랍어보다 한국어의 특성이 찌아찌아어의 특성과 더 가까워 찌아찌아어의 아랍 문자 표기 보다 한글 문자 표기에 더 적절한 것으로 추측이 가능하다. 따라서 아랍 문자 표기를 비교할 때 한글 표기의 장점을 많이 밝힐 수 있기를 기대한다.

6. 연구 추진 일정

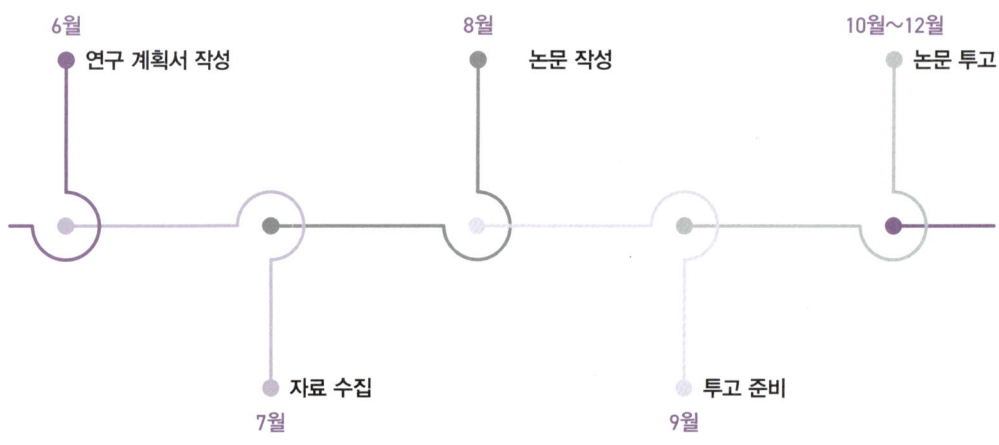

〈그림 2〉 작업 일정표

번호	시간	작업	설명
1	6월 1일~15일	계획서 작성	연구계획서 작성
2	6월16일~30일	자료 수집	아랍 문자에 대한 자료를 읽고 정리하기
3	7월1일~ 15일	자료 수집	찌아찌아어 한글 표기에 대한 논문 읽고 정리하기
4	7월16일~ 31일	2장 작성	찌아찌아어의 음운론적 특징을 기술하기
5	8월 1일~15일	3장 작성	찌아찌아어의 아랍 문자 표기와 한글 표기 대조하기

번호	시간	작업	설명
6	8월 16일~31일	4장 작성	찌아찌아어 표기에 한글의 우수성 규명하기
7	9월	투고 준비	한국어 표현 고시치 및 학술지 형식 맞추기
8	10월 ~ 12월	논문 투고	

〈표 3〉 작업 일정

7. 참고문헌

김보경(2012), 한글 국제화 사례 연구 : 찌아찌아어 표기 사례를 중심으로, 서울교육대학교 교육대학원, 석사학위논문

신지영(2014), 《말소리의 이해》, 한국문화사.

이호영, 황효성, 아비딘(2009) 《바하사 찌아찌아 1》, 훈민정음학회..

이주근. 1972. 한글문자의 인식에 관한 연구.「전자공학회지」9, 25-32.

전태현(2011), 찌아찌아어의 양분접사의 특성, 한국언어학회, 제2권 2호, 한국외국어대학교 외국어교육연구소, pp. 155-178.

전태현, 이호영(2009), 인도네시아 소수민족 언어 연구 : 찌아찌아어 ,한국언어학회 학술대회지, 7-16

전태현(2010), 인도네시아의 언어정책-찌아찌아어 한글 표기 문제와 관련하여, 한국언어문화학, 제7권 2호, pp. 215-235.

전태현(2011), 찌아찌아어 양분접사 교육의 중요성, 한국외국어교육학회, 18권, 2호 pp. 439~452.

전태현, 조태영(2012), 찌아찌아족 한글 사용의 미래 문자사의 관점에서, 한글학회, 298호, pp. 107-136.

Aji Prasetyo(2016), Karakteristik Fonem Bahasa Ciacia Dialek Mbahae, Widyaparwa, Vol 41, no. 1, pp. 53-67

Hiroko K(2007), Manusrip Buton : Keistimewaan dan Nilai Budaya, Sari 25, pp.41-50.

La Ino(2015), Deskripsi Fonologi dan Leksikon Bahasa Ciacia, Kajian Linguistik, Tahun ke-12, No-1, pp. 128-137

La Niampe(2012), Bahasa Melayu di Kerajaan Buton, Bahasa Dan Seni, Vol.40 no.1

La Niampe(2013), Bahasa Wolio di Kerajaan Buton, FKIP, Universitas Haluoleo

Mustafa Abdullah d.k.k (1991), Struktur Bahasa Cia-Cia, Jakarta : Departemen Pendidikan dan Kebudayaan.

| 영남지역 문화어문학 연구 인력 양성 사업단 | 2020년도 참여대학원생 연구논문계획서 공모전 |

연구논문계획서

관리번호	※기재하지 마십시오.	분과	✔ 국어학
연구 과제명	국문	중국어 신어의 단어 형성과 사회·문화적 특징 −2017·2018년 신어를 중심으로−	

〈목차〉

1. 머리말

2. 연구 방법

3. 중국어 신어의 조어론적 특징

4. 신어에 반영된 사회·문화적 특징

5. 맺음말

참고문헌

1. 연구 배경 및 목적

본고는 계량적 분석을 바탕으로 두고 2017·2018년의 중국어[1] 신어의 단어 형성을 살펴보고, 나아가 신어에 반영되는 사회·문화적 특징을 분석하고자 한다.

중국어 신어의 조어론적 특징에 대한 기존 연구들이 대부분 다양한 조어 방식을 똑같이 취급하여 다루었기 때문에 중국어 신어의 조어론적 특징이 분명하지 않음을 보인다. 따라서 대량의 신어를 대상으로 그들의 조어 방법을 세분하고 계량적으로 분석하여 중국어 신어의 조어론적 특징을 보다 면밀하게 고찰하는 연구가 필요하다.

또한, 중국어 신어와 사회·문화에 관한 연구는 대부분 특정 부류의 신어를 한정하거나 정치, 경제, 기술 등 분야에 집중하여 논의되어 왔다. 특정 부류의 신어를 한정하거나 고정된 틀에서 신어의 사회·문화적 특징을 살펴보면 신어에 반영한 그 나라의 사회문화 양상의 전모를 보여주지 못 한다. 이러한 점에서 볼 때 대량의 신어를 수집하여 이들의 사용 분야를 분류하여 계량적으로 분석할 필요가 있다.

2. 선행연구 검토

신어는 새로운 문물, 개념, 기술 등이 등장할 때 이들을 명명하기 위해 탄생한 산물이다. 중국에서 신어에 관한 연구는 20세기 80년대에 거슬러 올라갈 수 있다. 중국이 개혁 개방 정책을 시행한 후 정치, 경제, 과학, 기술 등 여러 영역에서 변화를 겪으면서 신어도 활발하게 생성하게 되었다. 중국어 신어에 대한 관심에 呂叔湘(1984)은 앞장서 '신어와 신어의 의미에 관심을 가져라'라고 제안하였다. 그 후에 신어의 개념, 조어 방법, 신어와 사회, 신어의 중·영 번역, 한·중 신어 대조 등 다양한 관점에서 신어에 대한 연구가 진행하였다.

신어의 조어론적 특징에 관한 연구는 曹向华(2017), 陈小琴(2016), 胡成科(2017), 惠天罡(2014), 刘昊馨·徐树娟(2015), 龙建威(2017), 孙悦·王海锋(2016), 张婕聪

---

[1] 이 연구에서 '중국어'는 중국의 공용어(官方语言) '한어(汉语)'를 가리킨다.

(2017) 등이 있다. 신어의 조어론적 특징은 크게 '어원', '형성 방식', 그리고 '형성 기제'로 나뉘어 살펴볼 수 있다. 학자들이 다른 관점에서 신어의 조어 방법을 고찰하였지만 중국어 신어가 대부분 복합어이며 일반적으로 '유추'와 '축약'을 통하여 형성된다는 결과가 크게 일치하다. 이 중에 陈小琴(2016)은 '형태', '의미', 그리고 '어원'을 구분하여 신어의 조어론적 특징을 분석하였다. 그 외는 다양한 조어 방식을 똑같이 취급하여 다루었기 때문에 중국어 신어의 조어론적 특징이 분명하지 않음을 보인다. 뿐만 아니라 대부분 기존 연구들이 개별적인 신어를 제시하고 학자들의 주관적인 분류에 의한 논의라서 한계를 지닌다. 따라서 대량의 신어를 대상으로 그들의 조어 방법을 세분하고 계량적으로 분석하여 중국어 신어의 조어론적 특징을 보다 면밀하게 고찰하는 연구가 필요하다고 말할 수 있다.

신어는 사회·문화적 발전의 산물로서 신어에 사회·문화적 양상을 그대로 반영하고 있다. 신어를 통하여 사회·문화 양상을 엿보고자 하는 연구는 李昕升(2018), 刘淑娟(2019), 鹿汝峰(2015), 潘聪(2016), 王健宇(2015), 夏莹(2010), 于全有·裴景瑞(2007, 2008, 2009) 등이 있다. 李昕升(2018)은 '佛系'류 신어, 夏莹(2010)은 '被'류 신어, 그리고 于全有·裴景瑞(2007, 2008, 2009)는 각각 '光棍'류 신어, '晒'류 신어, '客'류 신어를 한정하여 이들 신어의 유래 및 이에 반영되는 사회적 양상과 심리를 분석하였다. 王健宇(2015)와 潘聪(2016)은 인터넷 신어를 대상으로 하여 언어 사용자의 사회·문화적 심리 또는 태도를 살펴보았다. 刘淑娟(2019)은 인터넷 신어들이 가지는 특성을 분석하여 이들이 중국의 사회·문화에 가지는 양면성을 고찰하였다. 鹿汝峰(2015)은 신어가 정치, 경제, 과학기술, 사회문화 등 영역의 발전에 의해 생성되며 신어에 다양한 영역의 변화를 반영되고 있음을 논하였다. 이와 같은 맥락에서 张馨文·郭滨(2019)은 신어가 주로 정치, 과학기술, 웹 매체 등을 통해 변화한다고 지적하였다. 신어와 사회·문화에 관한 연구는 대부분 특정 부류의 신어를 한정하거나 정치, 경제, 기술 등 분야에 집중하여 논의되어 왔다. 중국에서 신어가 새로운 정책, 경제 제도 등에 의해 많이 생성하지만 사회의 발전에 따라 다양한 분야의 신어가 생성하기도 한다. 특정 부류의 신어를 한정하거나 고정된 틀에서 신어의 사회·문화적 특징을 살펴보면 신어에 반영한 그 나라의 사회문화 양상의 전모를 보여주지 못한다. 이러한 점에서 볼 때 대량의 신어를 수집하여 이들의 사용 분야를 분류하여 계량적으로 분석할 필요가 있다.

3. 연구 내용

제1장에서 연구의 목적과 필요성을 설명할 것이다.

제2장에서 중국에서 진행하는 신어 수집 작업과 본고의 연구 방법을 소개한다. 나라마다 신어의 생성과 유통에 차이를 보이며 신어의 수집 작업도 다름이 없지 않다. 또한 중국에서 신어의 수집 작업은 2005년부터 진행되어 왔는데 상당한 발전과 변화를 겪었을 것이다. 따라서 중국의 신어 수집에 대해 설명할 필요가 있다. 이를 바탕으로 연구를 진행할 구체적인 방법론을 제시한다.

제3장에서 어원, 단어 형성 방식, 단어 형성 기제 3가지 측면에서 신어의 조어 방법을 세분하여 분석한다. 각 부류에 따라 신어의 비중을 통계하여 최근 중국어 신어가 어떠한 조어 방법에 의해 활발하게 생성하고 있는지를 알 수 있다.

제4장에서 남길임·송현주·최준(2015)[2]의 방법론을 따라 신어의 생성 분야를 세분하여 양적 분포를 분석한다. 이를 통해 신어가 많이 생성하는 영역을 파악할 수 있으며 이에 반영한 사회·문화적 양상을 고찰할 수 있다.

제5장에서 본 연구의 결과를 요약하며 한계점을 제시한다. 또한 중국에서 신어에 대한 연구의 경향성을 착안하여 앞으로의 연구 방향 혹은 개선 방안을 제안하고자 한다.

4. 연구 방법 및 연구 추진 전략

2005년부터 중국 교육부와 국가 언어 작업 위원회는 매년 『중국 언어생활 상황 보고서』(그린 책)를 발간했으며, 이는 국가 언어위원회가 편찬한 최초의 언어생활 책이다. 2016년에는 『중국 언어문자 정책연구 발전 보고서』(블루 책), 『세계 언어생활 상황 보고

---

[2] 남길임 외(2015)는 신어의 사용 분야를 살펴보아 신어가 자주 생성되고 사용되는 분야가 통신, 게임, 경제 등의 여덟 가지로 제시되었다.

서』(황색 책), 그리고 2017년에『중국 언어문자 사업 발전 보고서』(흰 책)가 발표되었다. 그린 책은 주로 주요 사건, 주요 이슈, 다양한 설문 조사 보고서 및 중국어 생활의 실제 데이터를 반영하여 언어 연구 및 언어 정책에 대한 참조 및 서비스를 제공한다. 흰 책은 주로 중국어 언어문자의 정책을 홍보하고 데이터에 의해 중국 언어문자 사업의 발전과 성과를 기록한다. 블루 책에는 주로 중국 언어에 대한 계획 및 관련 학술 연구의 실제 상황이 반영되어 있으며 이 분야의 연구에 대한 의견과 지침이 있다. 황색 책은 주로 세계 각국 및 국제 조직의 언어생활을 소개하고 중국의 언어 관리 및 언어 정책 연구에 대한 참고 자료를 제공한다.

2005년에 '자국어 자원 모니터링 및 연구의 오디오 미디어 센터'가 설립되었다. 이는 '교육부 언어문자 정보관리사'와 중국 통신 대학교가 공동으로 설립한 연구소이다. 센터 설립 이후, 오디오 미디어 언어의 조사 및 연구에 집중해 왔다. '중국 언어생활에 관한 그린 책'과 중국 매체에서 가장 인기가 있는 10개의 단어를 발표하는 데 참여한다. 그리고 연간 책『한어 신어(汉语新词语)』(2007-2018) 등을 편집하고 출판하였다. '자국어 자원 모니터링' 코퍼스의 연도 코퍼스에서는 기계에 의해 추출되어 수동으로 확인된 후에, 전문가들은 여러 단계의 검토를 하고 중국어의 연도 신어를 선정한다. 2007년부터 해마다 상무인서관(商务印书馆)에서 전년도의 신어 자료집을 출판하고 있다[3].『한어 신어』의 어휘 항목은 음의 순서에 따라 배열하며, 구체적으로 '알파벳으로 시작하는 단어, 아라비아 숫자로 시작하는 단어, 한자로 구성된 단어'의 순으로 정렬된다. 어휘 항목은 '중국어 표음 정서법의 기본 규칙'에 따라 음을 표시되어 있다. 아라비아 숫자, 로마 문자 및 기타 문자가 직접 나열되어 있으며 표음되지 않는다. 경성 글자는 성조를 표시하지 않는다. 대부분 두 글자 단위는 단어로 취급되며 품사를 표시한다. 상황에 따라 세 글자 단위는 단어로 간주될 경우 품사를 표시된다. 구로 간주될 경우 품사를 표시하지 않는다. 네 글자 이상의 단위는 일반적으로 단어로 간주되지 않으며 품사를 표시하지 않는다. 의미적 신어 혹은 새로운 용법을 가진 신어는 표제어 왼쪽 상단에 "*"를 표

---

[3] 阚晓萌(2019:2)에 따르면 2005년부터 국가 언어문자 작업 위원회가 "新词语编年本(신단어편년본)"이란 작업을 시작하였다. 학자들의 인공 식별과 컴퓨터 자동 추출을 통해 대량의 단어를 처리하고, 새로운 의미와 사용 빈도를 기준으로 하여 연도 신어를 선정한다고 하였다.

시하여 구별한다.

본고는 상무인서관에서 발행한 〈汉语新词语(한어 신어)2017〉, 〈汉语新词语(한어 신어)2018〉을 이용하여 이들 책에서 수록한 신어를 연구 대상으로 한다. 계량적 분석을 통해 중국 2017·2018년 신어의 조어론적 특징과 신어에 반영하는 사회·문화적 양상을 살펴본다.

5. 기대 효과

중국에서 신어에 대한 관심이 많지만 아직 신어에 대한 주관적 분석에 치우치며 계량적 분석을 바탕으로 둔 연구가 부족하다. 본고는 양적 분석을 바탕으로 두고 중국어 신어의 특징을 고찰하는 연구로서 기존 연구보다 신어의 특징을 좀더 면밀히 보여줄 수 있다. 또한, 본고를 통해 최근 중국어 신어에 관한 조사 사업, 중국어 신어의 단어 형성, 그리고 이에 반영된 중국의 사회·문화적 양상을 알 수 있다.

6. 연구 추진 일정

2020.05-2020.06	초고 완성
2020.06-2020.07	논문 수정 및 상담
2020.07-2020.08	논문 투고

7. 참고문헌

학술지논문

남길임, 송현주, 최준(2015), 현대 한국어 [+사람] 신어의 사회·문화적 의미, 한국사전학 25, 한국사전학회, 39-67.

노명희(2006), 최근 신어의 조어적 특징, 새국어생활 16(4), 국립국어원, 31-46.

노명희(2019), 신어에 나타나는 약어의 특징과 통합적 혼성어, 국어학 91, 국어학회,

27-56.

문금현(1999), 현대국어 신어(新語)의 유형 분류 및 생성 원리, 국어학 33, 국어학회, 295-325.

이진성(2017), 신어에 반영된 사회문화상과 변화의 양상, 사회언어학 25(4), 한국사회언어학회, 87-117.

정한데로(2019), 신어의 탄생, 사회와 문화를 담다, 새국어생활 29(3), 국립국어원, 9-23.

曹向华. 三音节新词语的结构及造词法分析[J]. 语文建设, 2017(14):69-71.

陈明富·张鹏丽. 社会发展与汉语新词[J]. 科学·经济:社会, 2011.

陈倩. 汉语新词流行趋势的社会语境分析-基于广东新闻语料库的功能语言学解读-[J]. 广东第二师范学院学报, 2015, v.35;No.169(06):79-86.

陈小琴. 当代汉语新词语的构词理据[J]. 文化学刊, 2016(10).

郝月. 英汉新词构词法对比分析[J]. 海外英语, 2018, 388(24):95-96.

胡成科. 浅析汉语新词语的造词方式[J]. 吉林省教育学院学报(上旬), 2017, 033(003):154-156.

惠天罡. 近十年汉语新词语的构词、语义、语用特点分析[J]. 语言文字应用, 2014, No.92(04):26-34.

李丽丽. 模因论视野下的汉语日源新词研究--以"X活"为例[J]. 吉林广播电视大学学报, 2019, 208(04):92-94.

李昕升. "佛系"族新词与社会文化心理研究[J]. 大庆师范学院学报, 2018, v.38;No.174(04):105-107.

廖光蓉·黎辉燕. 汉语新词新语超常及其典型性与规范化研究[J]. 外语教学, 2019, 40(01):51-56.

刘昊馨·徐树娟. 21世纪现代汉语新词语产生途径及构词特点[J]. 河北联合大学学报:社会科学版, 2015, 15(6).

刘士勤. 开展新词新义的研究[J]. 世界汉语教学, 1987(01):55.

刘淑娟. 浅析网络语言对社会文化的影响及意义[J]. 边疆经济与文化, 2019.

刘晓环·王军. 从汉语新词看意义的演变进化及其动因[J]. 山东外语教学, 2015(04):36-41.

刘一丹·陈德银·杨绪明. "佛系"类新词语的特征及其滋生流行动因[J]. 广西师范学院学报:哲学社会科学版, 2019, 40(02):143-149.

龙建威. 浅论汉语新词语修辞方式造词法[J]. 数码设计, 2017, v.6(09):243.

卢佳. 社会语言学视角下媒体新词语色彩义形成原因-以2016年度媒体新词语为例-[J]. 佳木斯职业学院学报, 2019, 194(01):177-178.

鹿汝峰. 透过新词观社会发展[J]. 语文学刊, 2015.

吕叔湘. 大家来关心新词新义[J]. 辞书研究, 1984(01):12-18.

潘聪. 网络新词的类型及其折射的社会文化心理[J]. 西部皮革, 2016(12):162-163.

宋凯月. 2014～2016年汉语新词语来源及特征分析. 品位经典. 2019(2):49-51,58

苏琳. 汉语新词语研究的梳理与评析--基于期刊论文的可视化分析[J].语言文字应用, No.101(01):80-87.

孙悦·王海锋. 汉语新造词构词方法与产生途径的观察与分析[J]. 中外企业家, 2016(12):185-186.

唐甫. 基于社会语言学的现代汉语新词语发展研究[J]. 语文建设, 2016(18):89-90.

涂凌燕·何再三. 生态翻译学视角下汉语网络新词"厉害体"的产生与翻译[J]. 西昌学院学报(社会科学版), 2019, 31(01):105-107+136.

王健宇. 汉语网络新词语的特点及文化内涵探究[J]. 语文学刊, 2015, 000(008):30-32.

王丽洁·孙敏敏. 近十年汉语新词语使用情况分析[J]. 赤子:上中旬, 2015.

王艺菲. 新词语中的行业词研究[J]. 开封教育学院学报, 2018, v.38; No.173(07):107-108.

武文杰, 黄影, 武楠楠. 概念整合视角下汉语新词语的语义生成类型[J]. 文教资料, 2019, 000(010):29-30.

夏莹. "被"族新词的产生机制与社会文化心理探析[J]. 鞍山师范学院学报, 2010(05):43-46.

肖轶瑾·曾丽洁. 现代汉语外来词素形式特点及影响[J]. 吉林省教育学院学报旬刊, 2019, 035(005):166-169.

颜娜. 外向型汉语新词语词典收词问题例谈[J]. 汉字文化, 2018, 000(024):60-62.

于全有·裴景瑞. "光棍"族新词与社会文化心理通观[J]. 文化学刊, 2007(02):56-62.

于全有·裴景瑞. "晒"族新词与社会文化心理通观[J]. 语言文字应用, 2008(3):94-100.

于全有·裴景瑞. 网络"客"族新词的产生机制与社会文化心理[J]. 柳州职业技术学院学报, 2009, 08(4):92-97.

俞蕾. 报纸媒体对新词语的使用与传播研究--以2015年新词语为例[J]. 传媒论坛, 2019, 2(09):113-114+116.

张婕聪. 汉语新词语造词法的突破与发展[J]. 现代语文:学术综合版, 2017(12):183-185.

张馨文·郭滨. 从社会发展看汉语新词的变化[J]. 江西电力职业技术学院学报, 2019, 032(002):136-138.

赵艳梅. 当代汉语新词语前空型表人词语模的范畴化[J]. 浙江理工大学学报:社会科学版, 2019(4):360-367.

朱存亮. 《语言文字应用》近15年相关新词语的研究综述[J]. 现代语文, 2018, 000(003):141-144.

학위논문

陈婧虹. 2006-2013年汉语新词语研究[D]. 淮北师范大学. 2016.

黄仁镜. 中韩两国新词语的对比研究--以2011年-2015年的中韩新词语为例. 天津大学. 2018. 毕延香. 中韩新词新语构词法对比研究[D]. 烟台大学. 2016。

骆牛牛. 新时期汉语新词的造词研究[D]. 山东大学, 2015. 博士论文

王梦琦. 汉语新词中仿词造词法的应用研究[D]. 吉林大学, 2016.

赵加伟. 汉语新词词汇化的眼动研究[D]. 2019. 天津师范大学.

http://www.moe.gov.cn/s78/A19/yxs_left/moe_813/s237/
中华人民共和国教育部语言文字信息管理司

외국인 유학생을 위한 Essential 시리즈

외국인 유학생을 위한 논문 쉽게 쓰기

1판 1쇄 발행 2023년 2월 28일
1판 2쇄 발행 2023년 9월 1일

지 은 이 | 남길임 · 이미향 · 안미애 · 오선영
펴 낸 이 | 김진수
펴 낸 곳 | 한국문화사
등   록 | 제1994-9호
주   소 | 서울시 성동구 아차산로49, 404호(성수동1가, 서울숲코오롱디지털타워3차)
전   화 | 02-464-7708
팩   스 | 02-499-0846
이 메 일 | hkm7708@daum.net
홈페이지 | http://hph.co.kr

ISBN 979-11-6919-086-2 93800

· 이 책의 내용은 저작권법에 따라 보호받고 있습니다.
· 잘못된 책은 구매처에서 바꾸어 드립니다.
· 책값은 뒤표지에 있습니다.

오류를 발견하셨다면 이메일이나 홈페이지를 통해 제보해주세요.
소중한 의견을 모아 더 좋은 책을 만들겠습니다.